Прокинься, Ізраїлю

*Заміниться сонце на темність,
а місяць на кров
перед приходом ГОСПОДНЬОГО дня,
великого та страшного!
І станеться,
хто кликати буде ГОСПОДНЄ Ім'я
той спасеться,
бо на Сіонській горі та в Єрусалимі
буде спасіння,
як ГОСПОДЬ говорив,
та для тих позосталих, що ГОСПОДЬ їх покличе.*

(Йоіл 2:31-32)

Прокинься, Ізраїлю

Доктор Джаерок Лі

Прокинься, Ізраїлю Автор: Доктор Джерок Лі
Опубліковано видавництвом «Урім букс»
(Представник: Johnny H. Kim)
361-66, Шіндебанзі, Донгйак Гу, Сеул, Корея
www.urimbooks.com

Авторські права заявлені. Цю книжку або будь-які уривки з неї не дозволяється відтворювати у будь-якій формі, зберігати у системі комп'ютера, передавати у будь-якій формі та будь-яким способом: електронним, механічним, робити фотокопії, переписувати, або користуватися для цього іншим способом без попереднього письмового дозволу видавця.

Якщо не записано інше, всі цитати із Біблії взяті з Біблії перекладу І.Огієнка.

Авторське право © 2020 Автор: Доктор Джерок Лі
ISBN: 979-11-263-0613-8 03230
Авторське право перекладу © 2008 Доктор Естер К. Чан. Використовується за дозволом.

Раніше видано корейською мовою видавництвом «Урім букс» у 2007 році

Перше видання: березень 2020

Редактор: Доктор Геумсун Він
Підготовано до друку редакційним бюро «Урім букс»
Надруковано компанією «Євон»
За докладнішою інформацією звертайтеся: urimbook@hotmail.com

Передмова

На початку XX століття на бідній палестинській землі, де на той час ніхто не хотів жити, відбулася дивовижна низка подій. Євреї, розкидані по Східній Європі, Росії і всюди по планеті, почали збиратися на землі, в якій панувало спустошення, бідність, голод, хвороби і муки.

Незважаючи на високий рівень нещасних випадків, причиною яких була малярія і голод, євреї не втратили своєї високої віри та прагнень, а почали будувати кіббуц (сільськогосподарська комуна в Ізраїлі, до прикладу ферма чи завод, де працівники живуть разом і мають рівні обов'язки та прибутки). Як переконував Теодор Герцль, засновник сучасного сіонізму: «Якщо дійсно захочете, то здобудете», відновлення Ізраїлю стало реальністю.

Правдою є те, що відновлення Ізраїлю вважалося недосяжною мрією, в яку ніхто не вірив. Проте, євреї втілили цю мрію і з отриманням незалежності держави Ізраїль, вони чудом відновили свою націю, вперше за близько 1900 років.

Незважаючи на столітні переслідування і гоніння під час перебування ізраїльтян на чужих землях, вони твердо зберегли свою віру і мову, постійно їх вдосконалювали. Після заснування сучасної ізраїльської держави, люди почали обробляти неродючі землі, особливо акцентуючи свою увагу на розвитку різних видів промисловості, що дозволило їхній державі поповнити ряди розвинених країн і стати визначним народом, який протистоїть постійним викликам і процвітає серед загроз їхньому існуванню як нації.

Після того, як в 1982 році була заснована Центральна церква Манмин, з допомогою натхнення Святого Духа Бог дав мені зрозуміти призначення і долю Ізраїлю, тому що здобуття незалежності цією державою є ознакою кінця світу. Це виконання біблійного пророцтва.

Народи, послухайте слова ГОСПОДНЬОГО, і далеко звістіть аж на островах та скажіть: Хто розсіяв Ізраїля, Той позбирає його, і стерегтиме його, як пастир отару свою! (Єремія 31:10).

Бог вибрав ізраїльський народ, щоб розкрити свій задум, відповідно до якого Він створив і культивував людей. Перш за все, Бог зробив Авраама «батьком віри», а Яків, онук Авраама став засновником Ізраїлю. Всевишній об'явив Свою волю нащадкам Якова і виконував задум культивування людей.

Коли ізраїльтяни вірили в Слово Боже і покірно жили відповідно до Його волі, вони користувалися величезною славою і честю понад усі народи. Проте, коли віддалялися від Бога і не корилися Йому, то змушені були зносити різні страждання, такі як іноземні вторгнення. Ізраїльтяни мусили скитатися по різних куточках земної кулі.

Навіть коли ізраїльський народ зіткнувся з труднощами через свої гріхи, Бог ніколи не залишав і не забував про нього. Ізраїль завжди був пов'язаний з Богом через Його договір з Авраамом, тому Господь ніколи не припиняв творити для нього. Під Божою надзвичайною турботою і охороною, ізраїльтяни завжди були захищені, здобули незалежність і знову стали народом над всіма народами. Чому ізраїльтяни знаходилися під охороною і чому Ізраїль був відновлений?

Багато хто каже: «Це диво, що єврейський народ вижив.» Так як неможливо навіть описати та уявити величину тих утисків, які переживали євреї за межами Ізраїлю, сама їхня історія підтверджує правдивість Біблії.

Однак, під час Другого приходу Ісуса Христа буде ще більше горя і мук, ніж ті, з якими зіткнулися євреї. Звичайно, що люди, котрі прийняли Ісуса як їхнього Спасителя, піднесуться в повітря і візьмуть участь у шлюбному бенкеті з Господом. Ті, хто не приймуть Ісуса як їхнього Спасителя, не будуть підняті в повітря в час Його повернення і сім років страждатимуть під час Великої скорботи.

> *Бо ось наступає той день, що палає, як піч, і стануть всі пишні та кожен, хто чинить безбожне, соломою, і спалить їх день той, який наступає, говорить Господь Саваот, Який не позоставить їм кореня, ані галузки* (Малахія 4:1).

Бог вже детально показав мені майбутні нещастя, які

повинні відбутися під час семи років Великої скорботи. Через це я щиро бажаю, щоб ізраїльтяни, Божий вибраний народ, без подальшого зволікання прийняли Ісуса як їхнього Спасителя, який був на землі близько двох тисяч років для того, щоб ніхто з них не залишився страждати в дні Великої скорботи.

З нагоди 25-тої річниці Центральної Церкви Манмин я написав і присвятив працю, яка дає вирішення тисячолітньому прагненню євреїв отримати Месію і відповіді на одвічні питання.

Хай кожен читач цієї книги всім серцем осягне Боже розпачливе послання любові і без подальших зволікань прийме Месію, Якого Бог послав для всіх людей!

Я всім серцем люблю кожного з вас.

Листопад 2007
В Гетсиманському домі молитви
Джаерок Лі

Переднє слово

Дякую і славлю Бога за те, що Він спрямував і благословив мене видати книгу *Прокинься, Ізраїлю!* в останні дні. Ця праця була опублікована відповідно до волі Бога, Котрий хоче пробудити і врятувати Ізраїль, і створена величезною любов'ю Божою, Який бажає не втратити жодної душі.

Розділ 1 «Ізраїльтяни: Божий вибраний народ» досліджує чому Бог створив і культивував всіх людей на землі і висвітлює Його задум, відповідно до якого Він обрав і править ізраїльтянами, як своїми обранцями за всю історію людства. Розділ також ознайомлює нас з великими предками Ізраїлю та з Нашим Господом, Який прийшов у цей світ згідно з пророцтвом, яке передбачило прихід Спасителя всіх людей з роду Давидового.

Досліджуючи біблійні пророцтва про Месію, розділ 2 «Месія, посланий Богом» засвідчує, що Ісус є Месією, на прихід Якого очікує Ізраїль, і як відповідно до закону викупу землі, Він відповідає ознакам Спасителя людства. Більше того, другий розділ розкриває як старозавітні пророцтва про Месію були виконані Ісусом та зв'язок між історією Ізраїлю та смертю Ісуса.

Третій розділ «Бог, в Якого вірить Ізраїль» ближче розглядає ізраїльських людей, які суворо дотримуються Закону і своїх традицій, і пояснює їм чим Бог задоволений. До того ж, нагадуючи їм про їх віддалення від волі Божої через звичай старших, який вони встановили, автор закликає збагнути істинну волю Божу, яка на першому місці поставила Закон, і з любов'ю виконувати його.

В останньому розділі «Дивіться і слухайте!» розглядається наш час, який відповідно до Біблії є «кінцем світу», загрозлива поява антихриста і семирічна Велика скорбота. Більше того, засвідчуючи дві Божі таємниці, які були приготовані з Його безмежною любов'ю до Своїх обранців, так щоб ізраїльтяни могли отримати спасіння в останній час культивування людей, цей розділ просить ізраїльтяни не відмовлятися від останньої можливості спасіння.

Коли перший чоловік Адам згрішив, вчинивши непослух і був вигнаний з Едемського саду, Бог наказав йому жити в ізраїльській землі. З цього часу, під час історії культивування людей, Бог чекав на тисячолітнє царство і все ще продовжує чекати сьогодні, бажаючи здобути справжніх дітей.

Ми не можемо зволікати чи тратити час. Хай кожен з вас зрозуміє, що наш час, то справді останні дні і хай приготується прийняти нашого Господа, який має повернутися як Цар над царями і Пан над панами, і я палко молюся в Його ім'я.

Листопад 2007
Головний редактор,
Геумсун Він

Зміст

Передмова
Переднє слово

Розділ 1

Ізраїльтяни: Божий вибраний народ

Початок культивування людей _ 3
Великі прабатьки _ 18
Люди, які говорять про Господа _ 37

Розділ 2

Месія, посланий Богом

Бог обіцяє Месію _ 57
Ознаки Месії _ 63
Ісус виконує пророцтва _ 78
Смерть Ісуса і передбачення долі Ізраїлю _ 86

Розділ 3
Бог, в Якого вірить Ізраїль

Закон і звичай _ 95
Чому насправді Бог дав Закон _ 105

Розділ 4
Дивіться і слухайте!

Наближення кінця світу _ 125
Десять пальців на нозі _ 143
Невичерпна любов Божа _ 155

Розділ 1

Ізраїльтяни: Божий вибраний народ

Початок культивування людей

Мойсей, ізраїльський великий лідер, який звільнив своїх людей з єгипетського рабства і повів їх в обіцяну землю Ханаан, служив як Божий повірений, почав своє проповідництво в Книзі Буття, де зазначається:

«На початку Бог створив Небо та землю» (1:1).

За шість днів Бог створив небо і землю і все на них. Потім Він відпочив. Тому останній сьомий день є благословенним і святим. Чому тоді Бог Творець сотворив всесвіт і все в ньому? Чому Він створив людину і дозволив, щоб стільки людей після Адама жили на землі?

Бог шукав тих, з ким Він може вічно обмінюватися любов'ю

Перед створенням неба і землі всемогутній Бог існував в безмежному всесвіті як світло, в якому перебував голос. Після довгої самотності Він захотів мати тих, з ким можна вічно обмінюватися любов'ю.

Бог володів не тільки божественною природою, яка

визначала Його як Творця, а й людською, з допомогою якої Він відчував радість, злість, смуток і задоволення. Тому Він захотів давати любов і отримувати її від інших. В Біблії є багато моментів, які вказують на те, що Бог мав людську природу. Він був задоволений праведними ділами ізраїльтян (Второзаконня 10:15; Приповідки 16:7), проте сумував і злився коли вони грішили (Вихід 32:10; Числа 11:1, 32:13).

Буває час, коли кожна людина прагне побути на самоті, але вона стане веселішою і щасливішою, коли має друга, з яким може поділитися своєю любов'ю. Оскільки Бог володів людською природою, Він хотів мати тих, кому міг би віддати Свою любов, чию любов міг пізнати і навпаки.

'Чи було б радісно і зворушливо мати дітей, які можуть пізнати Мою любов і кому я можу давати і отримувати любов в цьому безмежному, проте глибинному царстві?'

Тому в час Свого вибору Бог задумав план здобути справжніх дітей, які б піклувалися про Нього. До кінця завершення цього вибору Бог створив не тільки духовне царство, але й фізичну реальність, в якій мали жити люди.

Дехто може зауважити: «На небі є багато послушних сил небесних та янголів. Чому ж Бог захотів створити людину?» Крім декількох ангелів, більшість небесних істот не мають людської природи, що є найважливішим елементом в даванні та отриманні любові: свобода волі, з допомогою якої можна робити власний вибір. Такі небесні істоти подібні до роботів; вони послушно виконують накази, але не відчувають радості, злості, смутку чи насолоди, тому не можуть давати чи отримувати любов, яка йде з глибини серця.

Уявіть собі двох дітей. Одна з них не висловлює свої емоції, думки чи любов, вона слухняна і добре виконує, те що їй скажуть. Інша дитина, хоча деколи розчаровує своїх батьків своєю вільною поведінкою, але швидко розкається в своїх провинах, з любов'ю обнімає родичів і різними способами висловлює свої почуття.

Кого б ви більше любили з цих двох дітей? Думаю що останню. Навіть якщо ви маєте робота, який виконує за вас всю рутинну роботу, ніхто не буде любити робота більше за власну дитину. Так само Бог більше любить людину з її думками та почуттями, яка б охоче корилася Йому, ніж робото подібних ангелів та небесних створінь.

Божий задум здобуття справжніх дітей

Після створення першого чоловіка Адама, Бог продовжував формування Едемського саду і дозволив Адаму правити над ним. Це місце було дуже багатим і перший чоловік керував всім відповідно до своїх свободи волі і влади, даної йому Богом. Проте, Він заборонив йому одне.

І наказав Господь Бог Адамові, кажучи: Із кожного дерева в Раю ти можеш їсти. Але з дерева знання добра й зла не їж від нього, бо в день їди твоєї від нього ти напевно помреш! (Буття 2:16-17)

Це була система, яку Всевишній встановив між Богом Творцем і створеною людиною. Він хотів, щоб Адам слухався Його з власної волі і з глибини свого серця. Проте, з часом перший чоловік не зміг зважати на Слово Боже і вчинив гріх непослуху, з'ївши плід з дерева пізнання доба і зла.

В книзі Буття 3 описується сцена, коли змій, підісланий Сатаною, запитав Єву: «Чи Бог наказав: Не їжте з усякого дерева раю?» Єва відповіла: «З плодів дерева раю ми можемо їсти, зате з плодів дерева, що в середині раю, Бог сказав: Не їжте із нього, і не доторкайтесь до нього, щоб вам не померти.»

Бог чітко сказав Єві: «Бо в день їди твоєї від нього ти напевно помреш», але вона змінила наказ Божий і сказала: «Ти помреш».

Зрозумівши, що Єва не сприйняла Божий наказ глибоко в серці, змій почав все сильніше спокушувати. «І сказав змій до жінки: Умерти не вмрете! Бо відає Бог, що дня того, коли будете з нього ви їсти, ваші очі розкриються, і станете ви, немов Боги, знаючи добро й зло.»

Коли Сатана вдихнув пожадливість в думки жінки,

дерево пізнання добра і зла почало виглядати по-інакшому для неї. Вона бачила його добрим на поживу, приємним для очей і воно могло зробити її мудрою. Єва з'їла плід з дерева і дала його своєму чоловікові, який також так зробив.

Так Адам і Єва вчинили гріх непокори Божому Слову і безсумнівно закінчили свій шлях смертю (Буття 2:17).

Тут поняття «смерть» не означає плотську смерть, коли людина перестає дихати. Це духовна смерть. Після того, як Адам з'їв плід з дерева пізнання добра і зла, він породив дітей і помер у віці 930 років (Буття 5:2-5). З цього факту зрозуміло, що поняття «смерть» позначає тут не фізичну смерть.

З самого початку людина була створена як з'єднання духу, душі і тіла. Вона мала дух, з допомогою якого могла спілкуватися з Богом; душу, яка перебувала під контролем духу; і тіло, яке служило прихистком для духу і душі. Через відмову виконувати наказ Божий і вчинення гріха, дух помер і спілкування людини з Богом також було припинене. Така смерть Бог описав в книзі Буття 2:17.

Після згрішення Адам і Єва були вигнані з прекрасного і багатого Едемського саду. Таким чином почалися страждання всіх людей. Для жінки були помножені терпіння та болі її вагітності, вона тепер мала потяг до чоловіка, який панував над нею. А чоловік повинен був у важкій праці харчуватися з проклятої землі у всі дні свого життя (Буття 3:16-17).

Так, книга Буття 3:23 каже нам: *«І вислав його ГОСПОДЬ Бог із еденського раю, щоб порати землю, з якої узятий він був.»* Тут «порати землю» означає не тільки тяжку працю людини для здобуття собі поживи, а той факт, що вона утворена з пороху земного, також має «культивувати свою любов» під час життя на землі.

Культивування людей починається зі згрішення Адама

Адам був створений як жива істота і не мав зла в своєму серці, тому йому не потрібно було культивувати своє серце. Проте, після згрішення, серце Адама було забруднене неправдою, тому він мав культивувати своє серце, щоб воно стало чистим, як це було перед гріхопадінням.

Тому Адам повинен був культивувати своє серце, яке було зіпсоване неправдою і гріхами, зробити його чистим і стати дитиною Божою після вчинення гріха. Коли Біблія каже: «І вислав його Господь Бог із еденського раю, щоб порати землю, з якої узятий він був» то ці слова позначають «Культивування людей Богом».

Загальноприйнято поняття «культивування» означає процес, коли фермер сіє насіння, доглядає за своїми висівками і збирає урожай. Для того, щоб «культивувати» людей на землі і отримати хороші плоди, тобто «справжніх дітей Божих», Бог посіяв перше зерно, Адама і Єву. Від Адама і Єви, які не послухалися Бога, народилося багато дітей, а завдяки культивуванню людей Богом незліченна кількість людей переродилися і стали Божими дітьми, культивуючи свої серця і відновивши втрачений образ Божий.

Тому «Культивація людей Богом» означає весь процес, яким керує Бог і управляє історією людства, починаючи від їх створення до Судного дня, для того щоб здобути Своїх справжніх дітей.

Так само як фермер долає повені, засухи, морози, град і паразитів після того як вперше посіяв зерно, а вкінці збирає прекрасні і чудові фрукти, так і Бог контролює все, щоб здобути справжніх дітей, які переродилися після того, як зносили смерть, хвороби, розлучення та інші страждання коли жили в цьому світі.

Чому Бог поклав дерево пізнання добра і зла в Едемському саду

Дехто запитує: «Чому Бог поклав дерево пізнання добра і зла, через яке людина згрішила і пішла шляхом знищення?» Проте, причиною того, що Він поклав дерево пізнання добра і зла був Божий чудовий задум, з допомогою якого Він дасть людині змогу дізнатися що таке 'відносність.'

Більшість людей впевнені, що Адам і Єва мали відчувати лише щастя в Едемському саду, тому що там не було ні сліз, ні горя, ні хвороб чи страждань. Але насправді вони не знали справжнього щастя і любові, тому що в Едемському саду не мали уявлення про відносність.

До прикладу, як відреагують двоє дітей на отримання іграшки, якщо одна з них народилася і виховувалася в багатій сім'ї, а інша в бідній? Остання буде вдячнішою і радітиме з глибини свого серця, ніж дитина з багатої сім'ї.

Якщо ви розумієте справжню вартість чогось, то вам слід знати і відчути повну протилежність цьому. Тільки коли ви перенесли хворобу, тоді зможете цінувати справжню вартість здоров'я. Лише коли знаєте про смерть і пекло, тоді можете цінувати вартість вічного життя і від всього серця дякувати Богу за те, що Він дає вам вічне життя.

У багатому Едемському саду перший чоловік Адам насолоджувався всім, що йому дав Бог, він навіть мав владу правити всіма іншими істотами. Проте, оскільки це все не було плодами його тяжкої праці в поті лиця, Адам не міг повністю зрозуміти їхню важливість чи через них цінувати Бога. Тільки після того, як він був вигнаний в цей світ і пережив сльози, смуток, хвороби, муки, невдачі та смерть, Адам зрозумів різницю між радістю та смутком, і осягнув цінність свободи і достатку, який Бог дав йому в Едемському саду.

Що дасть нам вічне життя, якщо ми не знаємо що таке радість чи смуток? Хоча ми певний час переживаємо труднощі, та якщо пізніше можемо усвідомити і сказати: «Це радість», то наші життя стануть більш вартими і благословенними.

Чи є батьки, які не посилають своїх дітей до школи, а змушують їх залишитися вдома, тому що знають, що вчитися тяжко? Якщо батьки справді люблять своїх дітей, вони пошлють їх до школи і дадуть можливість старанно вивчати нелегкі предмети і здобувати досвід, щоб вони пізніше збудували краще майбутнє.

Так само і любов Бога, Який створив всіх людей і культивує їх. Саме через це Він поклав дерево пізнання добра і зла, дозволив Адаму з власної волі з'їсти плід з нього, а потім відчути радість, злість, смуток і задоволення під час того, як Він культивував людей. Тому людина з глибини свого серця може любити і поклонятися Богові, Який є любов'ю і правдою, тільки після того, як вона відчула відносність та осягнула справжню любов, радість і вдячність.

Через процес людського культивування Бог хотів здобути справжніх дітей, які відчули Його любов і наслідували Його, і жити з ними на небесах, ділячись вічною та істинною любов'ю на віки вічні.

Культивування людей починається в Ізраїлі

Коли перший чоловік Адам був вигнаний з Едемського саду після того, як не послухався Слова Божого, він не міг вибрати землі де мав жити. Натомість Бог визначив територію для нього. Цією землею був Ізраїль.

В цьому закарбувалася Божа воля і задум. Після встановлення великого плану культивування людей, Бог обрав ізраїльський народ як взрець виховання людей. Саме через це Він дозволив Адаму жити новим життям на тій землі, де була створена ізраїльська нація.

З часом величезна кількість народів утворилася від нащадків Адама, а ізраїльський народ був сформований в часи Якова, нащадка Авраама. Бог хотів відкрити Свою славу та задум культивування людей через історію Ізраїлю. Але Він хотів показати це не тільки ізраїльтянам, а й всім людям на світі. Тому історія Ізраїлю, якою керував Сам Бог, не є просто історією народу. Це божественне послання усьому людству.

Чому тоді Бог вибрав Ізраїль як взрець культивування людей? Це сталося через їхній вищі риси. Іншими словами через відмінне внутрішнє життя.

Ізраїль є нащадком «батька віри» Авраама, якого дуже любив Бог, а також Якова, який був таким упертим, що боровся з Богом і одержав перемогу. Ось чому навіть після того, як ізраїльтяни втратили свою батьківщину і впродовж століть жили як скитальці, вони не позбулися своєї ідентичності.

Більше того, ізраїльтяни протягом тисячоліть зберегли Слово Боже, провіщене людьми Божими, і жили за ним.

Звичайно, були часи, коли весь народ віддалився від Божого Слова і грішив проти нього, але зрештою ізраїльтяни розкаювалися і поверталися до Бога. Вони ніколи не втрачали віри в свого ГОСПОДА Бога.

Відновлення незалежності Ізраїлю в XX столітті чітко показує нам яку любов мали його люди як нащадки Якова.

В книзі Езекіїла 38:8 говориться: *«По багатьох днях ти будеш потрібний, у кінці років прийдеш до Краю, що повернений від меча, що зібраний від численних народів, на Ізраїлеві гори, що завжди були руїною, а він був виведений від народів, і всі вони сидять безпечно.»* Тут «кінець років» означає кінець світу, коли культивування людей звершиться, а «Ізраїлеві гори» позначають місто Єрусалим, яке знаходиться на висоті близько 760 метрів (2494 футів) над рівнем моря.

Тому, коли пророк Езекіїл каже, що *«зібраний від численних народів, на Ізраїлеві гори»*, це означає, що ізраїльтяни зберуться зі всього світу і відновлять свою державу. Відповідно до цього, Ізраїль, який був знищений римлянами в 70 році до н. е., 14 травня 1948 року проголосив свою державність. Ця земля була «величезною пустелею», проте сьогодні ізраїльтяни побудували сильну націю, на яку неможливо не звертати увагу чи так просто кинути виклик.

Чому Бог вибрав саме ізраїльтян

Чому Бог почав культивування людей в Ізраїлі? Чому Він

вибрав ізраїльський народ і керує історією Ізраїлю?

По-перше, Бог хотів проголосити всім націям через історію Ізраїлю, що Він є Творцем небес і землі, що тільки Він є правдивим Богом, і що Він живий. Вивчаючи історію Ізраїлю навіть погани можуть легко відчути присутність Бога і збагнути Його задум керувати історією людства.

І побачать усі народи землі, що ГОСПОДНЄ Ім'я кличеться на тобі, і будуть боятися тебе (Второзаконня 28:10).

Ти блаженний, Ізраїлю! Який інший народ, якого спасає Господь, як тебе? Він Щит допомоги твоєї, і Меч Він твоєї величності. І будуть твої вороги при тобі упокорюватись, а ти по висотах їх будеш ступати (Вотрозаконня 33:29).

Божі обранці ізраїльтяни користувалися великими привілеями. Факти, які це підтверджують, легко знайти в історії Ізраїлю.

До прикладу, коли Раав взяла двох юнаків, яких Ісус послали знайти землю Ханаан, і сховала їх, вона сказала їм: «*Ми чули те, що ГОСПОДЬ висушив воду Червоного моря перед вами, коли ви виходили з Єгипту, і що зробили ви обом аморейським царям, що по той бік Йордану, Сигонові та Оґові, яких ви вчинили закляттям. Чули ми* це, і зомліло наше серце, і не стало вже духу в людини зо страху перед вами, бо Господь, Бог ваш, Він Бог на небесах угорі й на землі долі!»* (Ісус Навин 2:9-11).

Коли ізраїльтян було взято в полон у Вавилоні, Даниїл жив в Бозі і цар Вавилону Навуходоносор пізнав Бога, в Котрому жив Даниїл. Після того, як цар пізнав Бога, він міг тільки *«звеличувати та славити Небесного Царя, що всі чини Його правда, а дорога Його правосуддя, а тих, хто ходить у гордощах, Він може понизити»* (Даниїл 4:37).

Таке саме трапилося коли Ізраїль був під керівництвом Персії. Після того, як люди побачили живого Бога і відгукнулися на молитву цариці Естер *«багато-хто з народів краю стали юдеями, бо на них напав страх перед юдеям»* (Естер 8:17).

Тому, навіть коли погани бачили живого Бога, Який діяв серед ізраїльтян, вони починали боятися і поклонятися Йому. І навіть наступні покоління, ми зрозуміли величність Бога і поклоняємося Йому за такі події та випадки.

По-друге, Бог вибрав Ізраїль і направив його людей, тому що хотів, щоб через історію Ізраїлю всі зрозуміли чому Він створив людей і культивує їх.

Бог культивує людей, тому що Він прагне здобути справжніх дітей. Справжня дитина Божа це та, яка наслідує Бога, яка по своїй суті є доброю та люблячою, а також праведною та святою. Тому такі діти Божі люблять Його і живуть за волею Божою.

Коли ізраїльтяни дотримувалися Божих наказів і служили Йому, Він підніс їх понад всі народи та люди. І навпаки, коли вони служили ідолам і швидко забували Божі накази, їх переслідували різні муки і такі нещастя, як війна і природні лиха чи навіть полон.

Через кожен етап цього процесу вони навчилися бути покірними Богу, і кожен раз коли корилися Йому, Він обдаровував їх невичерпним милосердям і любов'ю, а також Своєю ласкою.

Коли цар Соломон любив Бога і слухався Його наказів, він мав велику славу і велич, але коли почав віддалятися від Бога і служити ідолам, це все зникало. Коли ізраїльські царі такі як Давид, Йосафат та Езекія дотримувалися Божого закону, то країна була могутньою і процвітаючою, але вона була слабкою і в неї вторгалися іноземці в час правління царів, котрі не йшли шляхами Божими.

Історія Ізраїлю прямо розкриває волю Божу і ніби є дзеркалом, яке відображає Божу волю для всіх людей та народів. За Його волею, коли всі люди будуть мати Божий образ і подобу, слухатимуться Його наказів і стануть освяченими відповідно до Його Слова, то вони отримають Боже благословення і житимуть на Його славу.

Ізраїль був обраний щоб відкрити Божий задум

всім народам і людям. Ця держава отримала величезне благословення служачи Йому як народ священників, які відповідальні за Слово Боже. Навіть коли ізраїльтяни грішили, Бог прощав їм їхні гріхи і відроджував їх як тільки вони почали розкаюватися з покорою в серці, так як Він це пообіцяв їхнім пращурам.

Більше того, величезне благословення, яке Бог пообіцяв і зіслав на своїх обранців, було чудовою обіцянкою слави. Бог сказав, що до них прийде Месія.

Великі прабатьки

Авраам був визначений батьком віри завдяки своїй вірі та покорі, і йому судилося дати життя великій нації. Він народився близько чотирьох тисяч років тому в Урі Халдейському. Коли Бог прикликав Авраама, він здобув Божу любов і визнання аж до того, що був названий Божим «другом».

Авраам, батько віри

Авраам був визначений батьком віри завдяки своїй вірі та покорі, і йому судилося дати життя великій нації. Він народився близько чотирьох тисяч років тому в Урі Халдейському. Коли Бог прикликав Авраама, він здобув Божу любов і визнання аж до того, що був названий Божим «другом».

Бог прикликав його і пообіцяв:

«Вийди Вийди зо своєї землі, і від родини своєї, і з дому батька свого до Краю, який Я тобі покажу. Народом великим тебе Я вчиню, і поблагословлю Я тебе, і звеличу ймення твоє, і

будеш ти благословенням» (Буття 12:1-2).

В той час Авраам був вже не молодий, в нього не було спадкоємця і він не знав куди прямує. Тому цьому наказу Божому не було легко підкоритися. Хоча він не знав куди йшов, Авраам вирушив в дорогу, тому що він вірив тільки і цілком слову Бога, Котрий ніколи не порушує Своїх обіцянок. Таким чином, Авраам жив у вірі у все, що він робив, і в своєму житті отримував всі благословення, які йому пообіцяв Бог.

Авраам не тільки досконально корися і діяв у вірі, він також завжди поширював доброту та мир серед навколишніх людей.

До прикладу, коли Авраам покинув Харан слідуючи Божому наказу, його племінник Лот пішов з ним. Коли їх статики прибільшилися, то Авраам і Лот не могли залишатися на одній землі. Недостатність пасовиськ і води призвела до «сварки поміж пастухами худоби Аврамової та поміж пастухами худоби Лотової» (Буття 13:7). Хоча Авраам був набагато старшим він не прагнув і не наполягав на своїх перевагах. Він погодився з своїм племінником Лотом вибрати кращу землю. У книзі Буття 13:9 Авраам каже Лотові: *«Хіба не ввесь Край перед обличчям твоїм? Відділися від мене! Коли підеш ліворуч, то я піду праворуч, а як ти праворуч, то піду я ліворуч.»*

І через те, що Авраам мав чисте серце, він не взяв нитки

чи ременя від взуття чи чогось, що належало іншим (Буття 14:23). Коли Бог сказав йому, що міста Содом і Гомора потонули в гріхах і будуть знищені, Авраам, людина духовної любові, почав благати Бога і отримав Його слово, що Він не знищить Содом, якщо в місті знайдеться десять праведників.

Доброта і віра Авраама були бездоганними. Про це свідчить, те що він був готовий віддати свого єдиного сина як жертву всеспалення.

В книзі Буття 22:2 Бог наказує Аврааму: *«Візьми свого сина, свого одинака, що його полюбив ти, Ісака, та й піди собі до краю Морія, і принеси там його в цілопалення на одній із тих гір, що про неї скажу тобі.»*

Ісаак народився, коли Аврааму було сто років. Перед його народженням Бог вже сказав Аврааму, що той, хто народиться з нього повинен стати його спадкоємцем, і в нього буде стільки нащадків скільки є зірок на небі. Якщо б Авраам послухався своїх плотських думок, він не зміг би виконати Божий наказ і принести в жертву Ісаака. Проте, Авраам в той же час підкорився не питаючи про причини.

В той момент, коли Авраам здійняв свою руку щоб вбити Ісаака після зведення вівтаря, ангел Божий гукнув до нього і сказав: *«Аврааме! Аврааме! Не витягай своєї руки до хлопця, і нічого йому не чини, бо тепер Я довідався, що ти богобійний, і не пожалів для Мене сина свого, одинака свого»* (Буття 22:11-12). Якою благословенною і зворушливою є ця сцена?

Оскільки Авраам ніколи не покладався на свої плотські

думки, в його серці не було конфліктів та неспокою, і він міг тільки з вірою слухатися наказів Божих. Авраам повністю віддав себе в руки правдивого Бога, Котрий безсумнівно дотримується Своїх обіцянок, всемогутнього Бога, Котрий воскрешає мертвих, і лаблячого Бога, Котрий прагне дати Своїм дітям тільки добро. Оскільки серце Авраамове було наповнене лише покорою і він чинив діла віри, Бог прийняв його як батька віри.

> *І сказав: Клянуся Собою, це слово Господнє, тому, що вчинив ти цю річ, і не пожалів був сина свого, одинака свого, то благословляючи, Я поблагословлю тебе, і розмножуючи, розмножу потомство твоє, немов зорі на небі, і немов той пісок, що на березі моря. І потомство твоє внаслідує брами твоїх ворогів. І всі народи землі будуть потомством твоїм благословляти себе через те, що послухався ти Мого голосу* (Буття 22:16-18).

Оскільки Авраам мав таку міру доброти і віри, яка була приємна Богові, він був названий Божим «другом» і його вважають батьком віри. Також, він став батьком всіх народів і джерелом всіх благословень, так як Бог пообіцяв йому, коли вперше прикликав: *«І поблагословлю, хто тебе благословить, хто ж тебе проклинає, того прокляну. І благословляться в тобі всі племена землі!»* (Буття 12:3).

Божий задум втілений Яковом, батьком Ізраїлю, і сином його Йосипом

В Авраама, батька віри, народився Ісаак, а в Ісаака народилися два сини Ісав і Яків. Бог вибрав Якова, хто мав більше любові, ніж його брат, ще коли він був в утробі матері. Якова пізніше назвуть «Ізраїлем» і він стане зачинателем ізраїльського народу і батьком дванадцятьох племен.

Яків настільки прагнув Божого благословення і духовного зростання, що він купив право старшинства в Ісава за сочевицю, відкинув благословення свого брата, обманувши батька Ісаака. Яків мав зрадливі риси, але Бог знав, що коли одного разу він перетвориться, то стане великою людиною. Через це Бог дозволив, щоб Яків зніс двадцять років випробувань, щоб його самолюбство повністю зруйнувалося і щоб він став покірним.

Коли Яків хитро обманув свого батька і отримав благословення як його первісток, Ісав намагався вбити його, тому Яків мусив втікати від брата. В кінці кінців, Яків прийшов жити в свого дядька Лавана і пас овець та кіз. Він працював без перепочинку, доглядаючи вівці і кози дядька. Тому в книзі Буття 31:40 зізнається: *«Бувало, що вдень з'їдала мене спекота, а вночі паморозь, а мій сон мандрував від моїх очей.»*

Як в народі кажуть: «Що посієш, те й пожнеш.» Бог побачив, що Яків вірно виконує свою роботу, тому поблагословив його великим багатством. Коли Бог сказав

Якову повертатися до своєї вітчизни, він залишив Лавана і вирушив до дому зі своєю сім'єю та статками. Коли вони дісталися до річки Яббок, Яків дізнався, що його брат Ісав чекає на другій стороні річки з 400 людьми.

Яків не міг повернутися до Лавана, через свою обіцянку дядькові. Він також не міг перетнути річку і йти до Ісава, котрий палав бажанням помститися. Зрозумівши, що він в скруті, Яків більше не покладався на свою мудрість, а помолившись виконував все за наказом Божим. Повністю позбувшись всяких плотських думок, Яків палко благав Бога, аж поки не звихнув суглоба стегна.

Яків боровся з Богом і переміг, тому Бог благословив його кажучи: *«Не Яків буде називатися вже імення твоє, але Ізраїль, бо ти боровся з Богом та з людьми, і подужав»* (Буття 32:28). Тоді Яків також примирився зі своїм братом Ісавом.

Бог вибрав Якова через те, що той так наполегливо і гордо переносив випробування, що він зміг стати великою посудиною, щоб відіграти важливу роль в історії Ізраїлю.

Яків мав дванадцятьох синів, які заклали основи формування ізраїльського народу. Однак, через те, що вони все ще були простим плем'ям, Бог задумав відіслати їх до Єгипту, який був могутньою країною, щоб нащадки Якова могли стати великим народом.

Цей задум виник через любов Бога, Який повинен був захищати їх він інших народів. І Йосипу, одинадцятому сину

Якова було доучене це дивовижне завдання.

Зі всіх 12 синів, Яків найбільше любив Йосипа, тому він одягав його в різнокольорову одежу і наділяв іншими привілеями. Через це Йосипа почали ненавидіти і заздрити його брати, які продали його в рабство в Єгипет у 17-ти річному віці. Та він ніколи не скаржився на своїх братів чи зневажав їх.

Йосипа продали Потіфарові, фараоновому двірцевому вельможі, старшині варти. Там він старанно та чесно працював і здобув прихильність та довіру Потіфара. Тому Йосип став наглядачем в домі його і все було віддано в Йосипові руки.

Проте, трапилася прикрість. Йосип був гарний станом і вродливий з обличчя, тому дружина його володаря почала спокушати хлопця. Йосип був впевнений в своїх переконаннях і щиро боявся Бога, тому коли вона його спокушала, сміливо сказав їй: *«Як же я вчиню це велике зло, і згрішу перед Богом?»* (Буття 39:9)

В решті решт, через її неправдиві звинувачення, Йосипа кинули у в'язницю, де були ув'язнені невільники царя. Навіть у в'язниці Бог перебував з Йосипом, зглянувся над ним і виявив ласку, тому він скоро став доглядачем у в'язниці.

Завдяки таким подіям в своєму житті, Йосип зміг здобути мудрість, з допомогою якої він пізніше міг керувати народом, сформувати свої політичні погляди і стати великою посудиною, яка могла охопити багатьох людей.

Після того, як Йосип витлумачив сни фараона і навіть запропонував мудре вирішення проблем, з якими зіткнувся правитель і його народ, він став першою людиною в Єгипті після фараона. Тому за Божим глибинним задумом і через ці випробовування, дані Йосипу, у віці 30 років він став заступником фараона в одній з наймогутніших держав того часу.

Так само як Йосип передбачив сни фараона, він провістив сім років голоду, які тривали на Близькому Сході, включаючи Єгипет. Але оскільки приготування вже були зроблені, Йосип зміг врятувати всіх єгиптян. Його брати прийшли до Єгипту шукаючи їжі, возз'єдналися зі своїм братом і скоро решта родини переїхала до Єгипту, де вони жили в достатку і готували ґрунт для народження ізраїльського народу.

Мойсей: великий лідер, який вивів ізраїльтян з Єгипту

Після того, як нащадки Ізраїлю осіли в Єгипті, вони стали чисельними і багатими і скоро були достатньо великими і численними, щоб сформувати власну націю.

Коли новий цар, котрий не знав Йосипа, прийшов до влади, він почав проводити політику, яка була спрямована проти достатку та могутності нащадків Ізраїлю. Цар і його посіпаки скоро зробили життя ізраїльтян гірким від тяжкої праці коло глини та коло цегли, і коло всякої праці на полі, кожну їхню працю, яку змушували тяжко робити (Вихід 1:13-14).

Проте, «що більше його гнобили, то більше він множився та більше ширився.» Фараон скоро наказав вбивати всіх єврейських хлопчиків після народження. Коли Бог почув благання ізраїльтян про допомогу від їхнього рабства, Він згадав угоду з Авраамом, Ісааком і Яковом.

І дам Я тобі та потомству твоєму по тобі землю скитання твого, увесь Край ханаанський, на вічне володіння, і Я буду їм Богом (Буття 17:8).

Той Край, що я дав його Авраамові та Ісакові, дам його тобі, і нащадку твоєму по тобі дам Я той Край (Буття 35:12).

Щоб звільнити синів Ізраїлю від їхніх мук і привести їх до землі Ханнан, Бог приготував чоловіка, який беззастережно слухається Його наказів і з Його любов'ю буде вести Божих обранців.

Цим чоловіком був Мойсей. Батьки переховували його три місяці після народження, але коли вони вже не мели ховати його, то поставили дитину в лозяний кошик і заховали в очереті коло берега Нілу. Коли дочка фараона знайшла дитину в лозяному кошику і вирішила залишити її у себе, сестра хлопчика, яка спостерігала за всім на відстані щоб дізнатися що з ним станеться, порадила дочці фараона взяти біологічну мати за няньку.

Таким чином, Мойсей виріс в царському палаці і його виховала біологічна мати, тому він звичайно дізнався про Бога та ізраїльтян, його власний народ.

Одного дня Мойсей побачив свого співвітчизника єврея, якого бив єгиптянин, і з глибини свого страждання він вбив єгиптянина. Коли про це дізналися, він врятувався втечею від фараона і поселився в землі Мідіяна. Сорок років він пас овець, і це було частиною задуму Божого, Котрий прагнув випробувати і приготувати Мойсея як проводиря виходу ізраїльтян з Єгипту.

В час Божого вибору, Він прикликав Мойсея і наказав йому вивести ізраїльтян з Єгипту в Ханаан, землю де ллється молоко і мед.

Оскільки серце фараона затверділо, він не слухався наказів Божих, зісланих через Мойсея. В результаті цього Бог наслав десять чум на Єгипет і застосовуючи силу вивів ізраїльтян з землі єгипетської.

Тільки коли єгиптяни пережили смерть своїх первістків, фараон і його люди схили коліна перед Богом і звільнили ізраїльський народ від рабства. Сам Бог направляв кожен крок ізраїльтян на їхньому шляху; Бог розділив Червоне море, щоб вони могли перетнути його. Коли ізраїльтяни не мали що пити, Він зробив так, щоб вода полилася з скелі, а коли не мали їжі Бог наслав манну і перепелів. Бог творив ці дива і чуда через Мойсея, щоб забезпечити виживання мільйонів ізраїльтян в пустелі протягом сорока років.

Правдивий Бог вів ізраїльтян до землі Ханаанської через Ісуса, наступника Мойсея. Бог допоміг Ісусові і його людям перетнути річку Йордан з Божою допомогою і дозволив їм завоювати Єрихон. Відповідно до Свого задуму, Бог дав їм завоювати і володіти землею ханаанською, де лилося молоко і мед

Звичайно, завоювання Ханаану не була тільки благословенням Божим для ізраїльтян, це був результат правдивого суду жителів цієї землі, які були зіпсовані гріхом і злом. Мешканці ханаанської землі були дуже зіпсованими і тому піддалися суду, і тоді справедливий Бог дозволив ізраїльтянам захопити землю.

Як Бог сказав Аврааму: *«А покоління четверте повернеться сюди»* (Буття 15:16), нащадки Авраама Яків і його сини покинули Ханаан, пішли в Єгипет і оселилися там, а їхні нащадки повернулися в Ханаанську землю.

Могутній Ізраїль за правління Давида

Після завоювання ханаанської землі Бог керував Ізраїлем через суддів і пророків під час періоду Суддів, а після цього Ізраїль став царством. За правління царя Давида, який любив Бога понад усе, були закладені основи народу.

В молодості цар Давид пращею та каменем убив великого

філістимлянського воїна, і подякою за його службу на полі бою було те, що його призначили старшим над воїнами в армії царя Саула. Коли Давид повернувся до дому, завдавши поразки філістимлянам, багато жінок співали їм: «Саул вбив тисячі, а Давид десять тисяч.» І всі ізраїльтяни полюбили Давида. Через свою заздрість цар Саул склав план вбити Давида.

Коли Саул відчайдушно переслідував Давида, той два рази мав можливість вбити царя, але відмовився вбивати людину, яка була помазана Самим Богом. Тому він тільки творив добро цареві. Одного разу Давид низько вклонився, вийшов з печери і сказав царю Саулу: *«І подивися, батьку мій, і поглянь на полу плаща свого в моїй руці, бо коли я відрізував цю полу плаща твого, то я не забив тебе. Пізнай та побач, що в моїй руці нема зла та гріха, і не згрішив я проти тебе, а ти чигаєш на душу мою, щоб забрати її!* (1 Самуїла 24:11).

Давид, який слідував за Божою любов'ю, навіть коли став царем у всьому був добрим. Під час свого правління, він справедливо керував царством і зміцнив державу. Оскільки Бог перебував з царем, Давид здобував перемоги у війнах з сусідніми філістимлянами, моавійцями, амаликитянами, амонітами та ідумейцями. Він розширив територію Ізраїлю, а здобич, здобута в ході воєн, і данина збагатили скарбницю царства Давида. Таким чином, в державі тривав період достатку.

Давид також переніс Ковчег заповіту Господнього до

Єрусалиму, встановив процедуру жертвоприношення і укріпив віру в ГОСПОДА Бога. Цар також заснував Єрусалим, який став політичним та релігійним центром держави і зробив всі приготування до побудови Святого Храму Божого під час правління його сина Соломона.

Впродовж своєї історії Ізраїль був наймогутнішою і найбагатшою державою саме під час правління царя Давида, якого дуже любили його люди і віддавали хвалу Богові. Більше того, яким великим був прабатько Давид, що з його роду народився Месія?

Ілля повертає серця ізраїльтян до Бога

Син царя Давида Соломон в останні роки свого правління поклонявся ідолам і після його смерті царство було розділене по половини. Десять з дванадцяти ізраїльських племен сформували Ізраїльське царство на півночі, в той час коли інші утворили Юдейське царство на півдні.

Пророки Амос і Осія в Ізраїльському царстві відкривали волю Божу Його людям, в той час коли пророки Ісая та Єремія виконували своє служіння в Юдейському царстві. Коли прийшов час вибору, Бог послав Своїх пророків і виконував Свою волю через них. Одним з таких Божих посланників був пророк Ілля. Він виконував своє служіння під час правління царя Ахава в північному царстві.

В часи Іллі поганська цариця Ієзавель привезла в Ізраїль Баала, і в царстві панувало буйне поклоніння ідолам. Першою місією пророка Іллі було сказати царю Ахаву, що в Ізраїлі три з половиною роки не буде дощу. Це був суд Божий за те, що вони поклонялися ідолу.

Коли пророку сказали, що цар і цариця намагаються вбити його, Ілля врятувався втікши до міста Сарепта, яке належало до Сідону. Там вдова нагодувала його малесеньким шматочком хліба, і як дяка за її послугу Ілля зіслав на неї чудове благословення, і дзбанок муки не скінчився, і не забракло в горняті олії аж до дня, як закінчився голод. Пізніше Ілля воскресив померлого сина вдови.

На вершині гори Кармель Ілля боровся з 450 пророками Баала і 400 пророками Ашери і викликав Божий вогонь з неба. Щоб відвернути серця ізраїльтян від ідолів і привести їх знову до Бога, Ілля відновив Божий вівтар, жертви і вівтар полив водою і палко молився Богу.

ГОСПОДИ, Боже Авраамів, Ісаків та Ізраїлів! Сьогодні пізнають, що Ти Ізраїлів Бог, а я Твій раб, і що все оце я зробив Твоїм словом. Вислухай мене, ГОСПОДИ, вислухай мене, і нехай пізнає цей народ, що Ти ГОСПОДЬ, Бог, і Ти обернеш їхнє серце назад! І спав ГОСПОДНІЙ огонь, та й пожер цілопалення, і дрова, і каміння, і порох, і вилизав воду, що в рові... І побачили це всі люди, та й попадали на обличчя свої й говорили: ГОСПОДЬ,

Він Бог, ГОСПОДЬ, Він Бог! І сказав до них Ілля: Схопіть Ваалових пророків! Нехай ніхто не втече з них! І похапали їх, а Ілля звів їх до потоку Кішон, та й порізав їх... (1 Царів 18:36-39).

До того ж, після трьох з половиною років засухи він викликав з неба дощ, перетнув річку Йордан так ніби йшов по суші і провістив те, що мало статися. Показавши Божу надзвичайну силу, Ілля чітко засвідчив живого Бога.

У Другій книзі Царів 2:11 читаємо: «*І сталося, як вони все йшли та говорили, аж ось появився огняний віз та огняні коні, і розлучили їх одного від одного. І вознісся Ілля в вихрі на небо...*» Через те, що Ілля дуже радував Бога своєю вірою і отримав Його любов і визнання, пророк зійшов на небо, не пізнавши смерті.

Даниїл відкриває народам славу Божу

Дві тисячі п'ятдесят років по тому, близько 605 року до н. е., в третій рік правління царя Іоакима, Єрусалим впав від вторгнення вавилонського царя Навуходоносора і багато членів царської родини в Юдейському царстві були взяти в полон.

Частиною політики примирення Навуходоносора був наказ царя Ашпеназові, старшому своїх євнухів, привести синів ізраїлевих з роду царського і княжого, юнаків, у котрих немає жодної тілесної вади, гарних з обличчя, і вдатних до всілякої науки, і здібних до наук, і тямущих, а тому здатних служити у царських палатах. І цар наказав йому щоб навчив їх письма та мови халдейської. Серед цих молодих людей був і Даниїл (Даниїл 1:3-4).

Проте, хлопець вирішив, що він не осквернится наїдками з царського столу і вином, яке п'є цар, а попросив у старшого євнухів про те, щоб не осквернитися йому (Даниїл 1:8).

Хоча Даниїл був військовим полоненим, він отримав благословення Боже, тому що боявся Його кожної миті свого життя. Бог дав Даниїлові та його друзям знання і добрий розум на всіляку книжку і мудрість. Даниїл навіть розумів усілякі видіння та сни (Даниїл 1:17).

Ось чому він продовжував здобувати прихильність та визнання у царів, хоча самі царства змінилися. Визнаючи незвичайний дух Даниїла, перський цар Дарій хотів призначити його правити над цілим царством. Тоді частина придворних євнухів почала заздрити Даниїлові і шукати звинувачення проти нього в зловживанні державними справами Але вони не могли знайти підстав для звинувачення чи доказів корупції.

Коли вони дізналися, що Даниїл молиться Богу три рази в день, князі та сатрапи прийшли до царя і змусили його створити постанову, що коли хтось упродовж тридцяти днів буде просити якого-небудь бога, або чоловіка, окрім царя, того вкинути до рову з левами. Даниїлова віра не похитнулася. Навіть ризикуючи втратити свою репутацію, високе становище і життя в рові з левами, він продовжував молитися, стаючи лицем до Єрусалиму, як робив це раніше.

За наказом царя, Даниїла кинули в рів з левами, але через те, що Бог послав свого ангела, який загородив пащу левам, хлопець залишився неушкодженим. Довідавшись про це, цар Дарій написав всім людям, племенам та мовам, які жили по всій землі, і сказав їм вихваляти та звеличувати Бога.

> *Від мене виданий наказ, щоб у всьому пануванні мого царства тремтіли та боялися перед Даниїловим Богом, бо Він Бог Живий і існує повіки, і царство Його не буде зруйноване, а панування Його аж до кінця. Він рятує та визволяє, і чинить знаки та чуда на небі та на землі, Він урятував Даниїла від лев'ячої сили (Даниїл 6:26-27).*

До того ж, всім вищезгаданим прабатькам віри, які стали відомими в Бозі забракло би чорнила та паперу щоб описати діяння віри Гедеона, Барака, Самсона, Іфтаха, Самуїла, Ісаї, Єремії, Езекиїла, трьох друзів Даниїла, Естер та інших пророків, представлених в Біблії.

Великі прабатьки для всіх народів на землі

З перших днів існування ізраїльського народу Бог особисто окреслив та керував ходом їх історії. Кожного разу коли в Ізраїлі наступала криза, Бог допомагав їм через пороків, яких Він приготував, і направляв історію Ізраїлю.

Тому, на відміну від інших народів, історія Ізраїлю розгорталася відповідно до задуму Божого від часів Авраама і буде продовжувати творитися згідно з Божим планом до кінця віків.

Бог призначив батьків віри серед ізраїльтян і втілював за їх допомогою Свій задум і план. Але це було зроблено не тільки для Божого обраного народу ізраїльтян, а й для всіх людей, які вірять в Бога.

Бо ж Авраам справді стане народом великим та дужим, і в ньому поблагословляться всі народи землі! (Буття 18:18).

Бог хоче, щоб «всі народи землі» через віру стали Авраамовими дітьми і отримали його благословення. Він зберіг благословення не тільки для Своїх обранців ізраїльтян. Бог пообіцяв Аврааму в книзі Буття 17:4-5, що він стане батьком багатьох народів, в книзі Буття 12:3 каже, що усі племена землі благословляться в ньому, а в книзі Буття 22:17-18 говориться, що всі народи землі благословляться в його потомстві.

Більше того, через історію Ізраїлю Бог відкрив шлях, з допомогою якого всі народи землі дізнаються, що ГОСПОДЬ Бог це істинний Бог, служитимуть Йому і стануть Його справжніми дітьми, які Його люблять.

Я прихилявся до тих, що Мене не питали, Я знайдений тими, що Мене не шукали. Я казав: Оце Я, оце Я! до народу, що Йменням Моїм не був званий (Ісая 65:1).

Бог створив великих прабатьків віри і особисто спрямовував та керував історією Ізраїлю, щоб дозволити і поганам і Своїм обранцям ізраїльтянами взивати Його ім'я. До того часу Бог завершив історію культивування людей, але зараз Він придумав інший чудовий план, відповідно до якого Всевишній втілить Свій задум культивування людей і серед поган. Ось чому коли час Його вибору прийшов, Бог послав Свого Сина в ізраїльську землю, не просто як Месію Ізраїлю, але як Месію всього людства.

Люди, які говорять про Господа

Протягом усієї історії культивації людей, Ізраїль завжди знаходився в центрі здійснення Божого задуму. Бог відкрився батькам віри, пообіцяв їм майбутні події і виконував їх так як і було сказано. Він також провістив ізраїльтянам, що з Юдиного племені та Давидового роду прийде Месія, який врятує всі народи на землі.

Тому Ізраїль чекав на Месію, прихід якого був передбачений в Старому Заповіті. *Цим Месією є Ісус Христос.* Звичайно, що люди, які сповідують іудаїзм, не визнають Ісуса як Сина Божого і Месію, а натомість вони все ще чекають на Його прихід.

Проте, Месія, на якого чекає Ізраїль, і Месія, про якого написаний цей розділ, це одна і та сама особа.

Що ж люди говорять про Ісуса Христа? Якщо розглянути пророцтва про Месію і їхнє виконання, а також основні ознаки Месії, то можна тільки впевнитися в тому, що Месією, на якого чекає Ізраїль, є не хто інший як Ісус Христос.

Павло, переслідувач Ісуса Христа став Його апостолом

Павло народився в місті Тарсус, Килікія, що зараз

знаходиться в Туреччині, близько 2000 років тому. Ім'ям, яке йому дали при народженні, було Савло. Він належав до ізраїльського народу, Беньямінового племені, і обоє батьків його були євреями. Савла обрізали на восьмий день після народження. Відповідно до умов Закону, він вважався безневинним. Також його навчав Гамалиїл, вчитель Закону, якого поважали всі люди. Він жив жорстко дотримуючись закону своїх предків і був мешканцем Римської імперії, яка була наймогутнішою державою у світі в той час. Одним словом, з людської точки зору Савло не мав недоліків у всьому, що стосується його сім'ї, родоводу, знання, багатства чи влади.

Через те, що апостол любив Бога більше за все інше, він завзято переслідував послідовників Ісуса Христа. Це було тому, що коли Савло почув заяви християн, що розіп'ятий Ісус був Сином Божим і Спасителем, і що Ісус воскрес на третій день по Своєму похованні, то думав, що такі твердження є зневагою Самого Бога.

Він також вважав, що послідовники Ісуса Христа становили загрозу фарисейському іудаїзму, в який він гаряче вірив. Через це Савло невідступно переслідував і знищував церкву і став на чолі акції з захоплення тих, хто вірував в Ісуса Христа.

Він ув'язнив багатьох християн і голосував проти них, коли вирішувалося чи їм жити чи померти. Він також карав віруючих у всіх синагогах, намагався змусити їх зневажливо висловлювати про Ісуса Христа і продовжував переслідувати їх навіть в іноземних містах.

Тоді Савло пережив те, що перевернуло його життя догори дном. Коли він йшов до Дамаску, несподівано світло з небес спалахнуло навколо нього.

«Савле, Савле, чому ти Мене переслідуєш?»
«Хто Ти, Пане?»
«Я Ісус, що Його переслідуєш ти.»

Савло підвівся з землі, але нічого не міг побачити; люди доставили його в Дамаск. Там він пролежав три дні, не подаючи ознак життя. Савло ні їв, ні пив. Після цього випадку Господь у видінні з'явився апостолу, який називався Ананій.

> *Устань, і піди на вулицю, що Простою зветься, і пошукай в домі Юдовім Савла на ймення, тарсянина, ось бо він молиться, і мужа в видінні він бачив, на ймення Ананія, що до нього прийшов і руку на нього поклав, щоб став він видющий... Іди, бо для Мене посудина вибрана він, щоб носити Ім'я Моє перед народами, і царями, і синами Ізраїля. Бо Я покажу йому, скільки має він витерпіти за Ім'я Моє (Діяння 9:11-12;15-16).*

Коли Ананій поклав свої руки і молився над Савлом, раптово завіса спала з-перед його очей і він прозрів. Після того, як Савло зустрів Бога, він цілком усвідомив свої гріхи і назвався «Павлом», що означає «мала людина». З того часі і надалі Павло сміливо проповідував поганам про живого Бога та Ісусове Євангеліє.

Звіщаю ж вам, браття, що Євангелія, яку я благовістив, вона не від людей. Бо я не прийняв, ні навчився її від людини, але відкриттям Ісуса Христа. Чули бо ви про моє поступовання перше в юдействі, що Божу Церкву жорстоко я переслідував та руйнував її. І я перевищував в юдействі багатьох своїх ровесників роду мого, бувши запеклим прихильником моїх отцівських передань. Коли ж Бог, що вибрав мене від утроби матері моєї і покликав благодаттю Своєю, уподобав виявити мною Сина Свого, щоб благовістив я Його між поганами, я не радився зараз із тілом та кров'ю, і не відправився в Єрусалим до апостолів, що передо мною були, а пішов я в Арабію, і знову вернувся в Дамаск (до Галатів 1:11-17).

Навіть після того, як Павло зустрів Господа Ісуса Христа і почав проповідувати Євангеліє, він зносив всілякі страждання, які неможливо описати словами. Павло часто більше був у праці, невимірно в ранах, більше у в'язницях і багато разів у смертельній небезпеці. Апостола сильно били, він проводив безсонні ночі, часто голодував, зносив холод і небезпеку (2 до Коринтян 11:23-27).

Зі своїм статусом, владою, знанням та мудрістю він міг легко жити в комфорті та достатку, але Павло відмовився від всього цього і від того, що в нього було заради Господа.

Я бо найменший з апостолів, що негідний зватись апостолом, бо я переслідував був Божу Церкву. Та благодаттю Божою я те, що є, і благодать Його, що в мені, не даремна була, але я працював більше всіх їх, правда не я, але Божа благодать, що зо мною вона (1 до Коринтян 15:9-10).

Павло міг так сміливо зізнатися, тому що він багато разів зустрічав Ісуса Христа. Господь не просто зустрів Павла на дорозі в Дамаск, а й засвідчив Свою присутність там, де проповідував Павло, показуючи роботу божественної сили.

Бог творив надзвичайні дива руками Павла, тому навіть хустки чи фартухи з його тіла несли хворим, і недуги покидали їх, а злі духи виходили з них. Павло також воскресив з мертвих Євтиха, коли той впав з третього поверху і помер. Без Божої сили неможливо воскресити мертвого.

В Старому завіті згадується, що пророк Ілля воскресив метрового сина вдови в місті Сарепті Сидонському, а пророк Елішуа воскресив сина відомої жінки в селищі Шунем. Як написав автор в Псалмі 62:11: *«Один раз Бог сказав, а двічі я чув, що сила у Бога!»* сила Божа дається людині Божій.

Під час своїх трьох місій, Павло заклав основу для проповідування Євангелія Ісуса Христа всім народам. Він збудував церкви в багатьох місцях Азії та Європи, включаючи Малу Азію та Грецію. Тому був відкритий шлях, через який проповідувалося Євангеліє Ісуса Христа в кожному куточку землі, і незліченна кількість душ мала можливість врятуватися.

Петро виявляє велику силу і рятує багатьох людей

Що можемо сказати про Петра, який був основним проповідником Євангелія євреям? До зустрічі з Ісусом він був простим рибаком, але після того, як його прикликав Христос і коли він став безпосереднім свідком чудесних речей, творених Ісусом, Петро став одним з Його найулюбленіших апостолів.

Коли він став свідком того, як Ісус виявив силу, що ніколи не зможе повторити жодна людина, наприклад виздоровлював незрячих, кривих, воскрешав мертвих, коли апостол побачив, що Ісус творить добрі діла і спостерігав як Він відпускав людські провини та гріхи, Петро міг повірити, що Ісус дійсно прийшов від Бога. В Євангелії від Матвія 16 можемо знайти його зізнання.

«А ви за кого Мене маєте?» (вірш 15) *«Ти Христос, Син Бога Живого!»* (вірш 16)

Тоді з Петром мало статися щось неймовірне, щоб він так прямо зізнався. Він навіть визнав перед Ісус під час останньої вечері: *«Якби й усі спокусились про Тебе, я не спокушуся ніколи.»* Але в ту ніч, коли Ісуса затримали і розіп'яли, апостол відрікся від Нього три рази, боячись смерті.

Після того, як Ісус воскрес із метрових і вознісся на небеса, на Петра зійшов Святий Дух і він дивовижно преобразився. Апостол присвятив кожну хвилину свого життя проповідуванню Євангелії Ісуса Христа, не боячись смерті. Одного дня 3000 людей розкаялися і охрестилися, коли він сміливо засвідчив Ісуса Христа. Петро не боявся стверджувати, що Ісус є нашим Господом і Спасителем навіть перед євреями, які загрожували його вбити.

«Покайтеся, і нехай же охриститься кожен із вас у Ім'я Ісуса Христа на відпущення ваших гріхів, і дара Духа Святого ви приймете! Бо для вас ця обітниця, і для ваших дітей, і для всіх, що далеко знаходяться, кого б тільки покликав Господь, Бог наш» (Діяння 2:38-39).

«Він камінь, що ви, будівничі, відкинули, але каменем став Він наріжним! І нема ні в кім іншім спасіння. Бо під небом нема іншого Ймення, даного людям, що ним би спастися ми мали» (Діяння 4:11-12).

Петро показав силу Божу, творячи багато знамень та див. В Лідді він зцілив чоловіка, який вже вісім років був паралізований, а в сусідній Йоппії воскресив Тавіту, яка занедужала й померла. Петро також виліковував кривих, так що вони вставали і ходили, зцілював людей від різних хвороб і виганяв злих духів.

Він мав таку Божу силу, що люди навіть виносили хворих на вулиці і клали на постелях і ліжках, щоб хоч тінь Петра, який проходив повз них, падала на когось із них (Діяння 5:15).

До того ж, через видіння Бог відкрив Петрові, що Євангеліє Спасіння мало бути донесено поганам. Одного дня, коли Петро піднявся на дах будинку, щоб помолитися, він відчув голод і захотів щось поїсти. Поки готувалася їжа, він виповнився Духом і побачив відкрите небо і якусь посудину, схожу на широке вітрило, яка опускалася на землю. Там були всілякі чотириногі земні звірі, плазуни і птахи небесні (Діяння 10:9-12). Тоді Петро почув голос.

«Устань, заколи, Петре, і їж!» (вірш 13) *«Жадним способом, Господи, бо ніколи не їв я нічого огидного чи то нечистого!»* (вірш 14) *«Що від Бога очищене, не вважай за огидне того!»* (вірш 15)

Це було тричі і все знову піднялося в небо. Петро не міг зрозуміти чому Бог наказав йому їсти те, що за Мойсеєвим законом вважалося «нечистим». Коли Петро роздумував над своїм видінням, Святий Дух сказав йому: *«Онде три чоловіки шукають тебе. Але встань і зійди, і піди з ними без жадного сумніву, бо то Я їх послав!»* (Діяння 10:19-20) Три чоловіки, прислані до нього поганином Корнилієм, просили щоб Петро прийшов в його дім.

Через це видіння Бог дав Петрові зрозуміти, що Він хоче, щоб Його ласка була послана навіть на поган і спонукав його поширювати Євангеліє Господа Ісус Христа серед них. Петро був дуже вдячним Господові, Який любив його до кінця і доручив священне завдання як Своєму апостолу, хоча Петро три рази Його зрікся. Тому він присвятив своє життя Господові і вів незчисленну кількість душ до шляху спасіння, а потім помер мученицькою смертю.

Апостол Іван провіщає останні дні через одкровення Ісуса Христа

Іван був рибалкою в Галілеї, але після того, як Ісус покликав його, він завжди слідував за Ним і був свідком Ісусових чудових знамень та див. Іван бачив як Ісус перетворив воду на вино на весіллі в Кані, зцілював хворих, включаючи тих, хто хворів протягом 38 років, виганяючи злих духів з багатьох людей і відкриваючи очі сліпцям. Іван також був свідком того, як Ісус йшов по воді і воскресив Лазаря, який вже чотири дні лежав в могилі.

Іван слідував за Ісусом коли Він преобразився (Його лице сяяло наче сонце, а одяг був білим неначе світло) і говорив з Мойсеєм та Іллєю на вершині гори Преображення. Навіть коли Ісус вмирав на хресті, Іван почув як Він сказав до Діви

Марії та до нього: *«Оце, жоно, твій син»* (Іван 19:26) *«Оце мати твоя!»* (Іван 19:27).

Своїм третім словом на хресті Ісус хотів сказати, що в фізичному вимірі Він втішав Марію, яка дала Йому життя, але в духовному значенні Він проголосив всьому людству, що всі віруючі є братами, сестрами і матерями.

Господь ніколи не звертався до Марії кажучи «мамо». Оскільки Ісус, Син Божий, по Своїй суті є самим Богом, то ніхто не може Його народити, і Він не може мати матері. Ісус сказав Іванові: «Оце мати твоя!», тому що апостол мав служити Марії як своїй матері. З того часу Іван взяв Марію жити до себе і піклувався про неї, як про свою матір.

Після воскресіння Ісуса і Його вознесіння на небеса, Іван старанно проповідував Євангеліє Ісуса Христа разом з іншими апостолами всупереч постійним загрозам з боку євреїв. Рання Церква пережила чудове відродження через те, що вони так завзято проповідували Євангеліє, але в той же час апостолів постійно переслідували.

Єврейський Синод допитав Івана, а згодом римський імператор Доміціан кинув його в киплячу олію. Але апостол з допомогою Божої сили та задуму не постраждав від неї, тоді імператор заслав його на грецький острів Патмос в Середземному морі. Там Іван спілкувався з Богом через молитви та натхнення Святого Духа і провід янголів. Він бачив багато глибоких видінь і записав одкровення Ісуса Христа.

Об'явлення Ісуса Христа, яке дав Йому Бог, щоб показати Своїм рабам, що незабаром статися має. І Він показав, і послав Своїм Анголом рабові Своєму Іванові (Одкровення 1:1).

Натхнений Святим Духом, апостол Іван детально записав все, що станеться в останні дні, щоб всі люди змогли визнати Ісуса як їхнього Спасителя і приготуватися прийняти Його як Царя над Царями і Пана над панами під час Його другого приходу.

Члени Ранньої Церкви твердо дотримуються своєї віри

Коли воскреслий Ісус вознісся на небеса, Він пообіцяв Своїм апостолам, що повернеться так само, як і вознісся на небеса.

Численні свідки воскресіння та вознесіння Ісуса усвідомили, що вони також зможуть воскрести і більше не боялися смерті. Тому жили як Його свідки і стикалися із загрозами та утискати правителів світу і переслідуванням, які часто коштувало їм життя. Не тільки Ісусові апостоли, які служили Йому коли Він виконував свої духовні обов'язки, а й велика кількість інших людей молилися в Колізеї в Римі. Їм відтинали голову, їх розпинали і спалювали до пороху. Проте всі вони твердо дотримувалися своєї віри в Ісуса Христа.

З посиленням переслідувань проти християн, члени

Ранньої Церкви переховувалися в римських катакомбах, знаних як «підземні поховальні місця». Їхнє життя було жалюгідним; так ніби вони насправді і не жили. Оскільки ці люди мали палку та ревну любов до Господа, то не боялися будь-яких випробувань чи мук.

Перед офіційним визнанням християнства в Римі, гніт християн був неописно жорстким та нелюдяним. Їх позбавляли громадянства, Біблії та церкви спалювали, а церковних лідерів і працівників затримували, жорстоко катували і страчували.

Полікарп в Смирнська церкві в Малій Азії мав особисту спільність з апостолом Іваном. Полікарп був відданим єпископом. Коли римська влада його затримала і він постав перед Правителем, то не зрікся своєї віри.

«Я не хочу ганьбити вас. Накажіть вбити цих християн і я вас відпущу. Прокляніть Христа!»

«86 років я був Його слугою, і Він не заподіяв мені шкоди. Як я можу зневажати мого Царя, Який мене врятував?»

Вони пробували його спалити на вогнищі, але їм це не вдалося. Тому Полікарп, Смирнський єпископ помер мученицькою смертю. Його побили до смерті. Коли багато інших християн стали свідками і чули про вірні діяння

Полікарпа і його муки, вони все більше осягали Страсті Ісуса Христа і самі обирали мученицький шлях.

І промовив до них: Мужі ізраїльські! Поміркуйте собі про людей цих, що з ними робити ви маєте. Бо перед цими днями повстав був Тевда та й казав, що великий він хтось, і до нього пристало з чотириста люда. Він забитий, а всі ті, хто слухав його, розпорошились та обернулись в ніщо. Після нього повстав, під час перепису, Галілеянин Юда, та й багато людей потягнув за собою. Загинув і він, а всі ті, хто слухав його, розпорошились. І тепер кажу вам: Відступіться від цих людей, і занехайте їх! Бо коли від людей оця рада чи справа ця буде, розпадеться вона. А коли те від Бога, то того зруйнувати не зможете, щоб випадком не стати і вам богоборцями! І послухались ради його (Діяння 5:35-39).

Такими словами відмий Гамаліїл застерігав ізраїльтян і нагадував їм, що Євангеліє Ісуса Христа, Який Сам прийшов від Бога, не може бути повалене. Зрештою в 313 році від Різдва Христового імператор Костянтин визнав християнство офіційною релігією своєї імперії і Євангеліє Ісуса Христа почало проповідуватися по всьому світі.

Доказ існування Ісуса, записаний в звіті Пилата

Серед історичних документів, які датуються часами Римської імперії, зберігся рукопис про воскресіння Ісуса, написаний Понтієм Пилатом, правителем римської провінції Юдеї в часи Ісуса. Цей рукопис був написаний і посланий імператору.

Ось уривок зі «Звіту Пилата про затримання, судовий розгляд та розп'яття Ісуса», який зберігається в Софійському соборі в Стамбулі, Туреччина. В ньому описується воскресіння Ісуса:

Кілька днів по тому, як була знайдена порожня гробниця, його апостоли проголосили по всій країні, що Ісус воскрес із мертвих, як Він передбачив. Це спричинило ще більше заворушення, ніж розп'яття. Я не можу точно сказати щодо правдивості цієї події, але я провів на цей рахунок деяке розслідування; тому самі можете судити якщо я винен як представник Ірода.

Йосип поховав Ісуса в своїй власній гробниці. Не можу сказати чи він думав про Його воскресіння чи розраховував вирізати собі іншу. Наступного дня після поховання один з священників прийшов до мене в Преторій і сказав, що їм відомо про те, що апостоли мають намір вкрасти тіло Ісуса і заховати його, а тоді об'явити так ніби він воскрес із мертвих, як було провіщено, і в чому вони були абсолютно переконаними.

Я послав його до начальника царської охорони (Малкуса), щоб священик сказав йому взяти єврейських солдат і оточити ними гробницю; тоді якщо б щось трапилося, вони мали винити себе, а не римлян.

Коли піднялося велике заворушення з приводу того, що гробницю знайшли пустою, я відчув ще більше занепокоєння. Я послав по Ісламa, який розповів мені про такі наступні обставини. Вони побачили м'яке і красиве світло над гробницею. Спочатку він подумав, що це жінки за їхньою традицією прийшли бальзамувати тіло Ісуса, але не бачив, як вони обійшли охорону. В той час, коли він все це обдумував, то побачив що все місце було освітлене і ніби виднівся натовп мертвих в їхній сірій одежі.

Все здавалося вигукувало і було наповнене захопленням, в той час навколо та зверху була чутна найпрекрасніша музика, яку він коли-небудь чув і все повітря ніби було наповнене глосами, які хвалили Бога. Увесь цей час здавалося, що земля похитується і крутиться, так що він відчув нудоту, зімлів і не міг триматися на ногах. Охоронець сказав, що ніби земля вислизнула з-під нього, і він знепритомнів. Тому це все, що знав про ці події.

В Євангелії від Матвія 27:51-53 читаємо: «*І ось завіса у храмі роздерлась надвоє від верху аж додолу, і земля потряслася, і зачали розпадатися скелі, і повідкривались гроби, і повставало багато тіл спочилих святих, а з гробів повиходивши, по Його воскресенні, до міста святого ввійшли, і багатьом із'явились.*» Тобто римські охоронці дали ідентичні свідчення.

Після того, як Пилат записав свідчення римських охоронців, які стали свідками духовного феномену, в кінці звіту він зазначив: «Я майже готовий сказати: По правді це був Син Божий.»

Численні свідки діянь Господа Ісуса Христа

Та ви приймете силу, як Дух Святий злине на вас, і Моїми ви свідками будете в Єрусалимі, і в усій Юдеї та в Самарії, та аж до останнього краю землі (Діяння 1:8).

Я прийняв Господа після того, як з допомогою сили Божої зцілився від всіх хвороб, проти яких медики були повністю безпорадні. Пізніше я був помазаний, щоб стати слугою Господа Ісуса Христа і проповідував Євангеліє всім людям і виявляв знамення та чуда.

Як було обіцяно в попередніх віршах, багато людей стали дітьми Божими, прийнявши дар Святого Духа і присвятили своє життя проповідуванню Євангелія Ісуса Христа з допомогою сили Святого Духа. Таким чином Євангеліє поширилося по всьому світу і численні люди сьогодні зустрічають живого Бога і приймають Ісуса Христа.

Хто увірує й охриститься, буде спасений, а хто не ввірує засуджений буде. А тих, хто ввірує, супроводити будуть ознаки такі: у Ім'я Моє демонів будуть вигонити, говоритимуть мовами новими, братимуть змій; а коли смертодійне що вип'ють, не буде їм шкодити; кластимуть руки на хворих, і добре їм буде! (Марко 16:15-18).

Храм Святого гробу Господнього на Голгофі, гора Голгофа, в Єрусалимі.

Розділ 2
Месія, посланий Богом

Бог обіцяє Месію

Ізраїль часто втрачав суверенітет і змушений був страждати від вторгнень і панування таких країн, як Персія і Рим. Через Своїх пророків Бог дав багато обіцянок про Месію, Котрий мав прийти як Цар Ізраїлю. Для згорьованих ізраїльтян не могло бути більшого джерела надії, ніж Божі обіцянки про прихід Месії.

Бо Дитя народилося нам, даний нам Син, і влада на раменах Його, і кликнуть ім'я Йому: Дивний Порадник, Бог сильний, Отець вічности, Князь миру. Без кінця буде множитися панування та мир на троні Давида й у царстві його, щоб поставити міцно його й щоб підперти його правосуддям та правдою відтепер й аж навіки, ревність ГОСПОДА Саваота це зробить! (Ісая 9:6-7).

Ось дні наступають, говорить ГОСПОДЬ, і поставлю Давидові праведну Парость, і Цар зацарює, і буде Він мудрий, і правосуддя та правду в Краю запровадить. За днів Його Юда спасеться, Ізраїль же буде безпечний. А це Його Ймення, яким Його кликати будуть: ГОСПОДЬ праведність наша (Єремія 23:5-6).

Радій вельми, о дочко Сіону, веселись, дочко Єрусалиму! Ось Цар твій до тебе гряде, справедливий і повний спасіння, покірний, і їде на ослі, і на молодім віслюкові, сині ослиці. І вигублю Я колесниці з Єфрема, і коня з Єрусалиму, і військовий лук знищений буде. І народам Він мир сповістить, а Його панування від моря до моря, і від Ріки аж до кінців землі (Захарія 9:9-10).

Ізраїль безперервно чекав і до сьогоднішнього дня продовжує очікувати на Месію. Що затримує прихід Месії, на котрого палко чекає і сподівається Ізраїль? Багато євреїв хочуть знайти відповідь на це питання, але відповіддю є те, що вони не знають, що Месія вже прийшов.

Месія Ісус страждав як було провіщено Ісаєю

Месія, котрому Бог пообіцяв Ізраїль і котрого дійсно послав, це Ісус. Він народився в Вифлеємі в Юдеї близько двох тисяч років тому і коли прийшов час помер на хресті, воскрес і відкрив шлях спасіння для всіх людей. Однак, тодішні євреї не визнавали Ісуса Месією, на якого вони чекали. Це сталося тому, що Ісус виглядав повністю по-інакшому, ніж образ Месії, на якого вони сподівалися.

Євреї стомилися від тривалих періодів колоніального правління і очікували на могутнього Месію, який мав визволити їх від політичного суперництва. Вони думали, що Месія прийде як Цар Ізраїлю, покладе кінець війнам, врятує їх від переслідувань та утисків, дасть справжній мир і звеличить їх понад всіма народами.

Проте, Ісус прийшов в цей світ не в розкоші та величі, яка личить царським особам, а народився як син бідного теслі. Він навіть не прийшов, щоб звільнити Ізраїль від римського гніту чи відновити його колишню славу. А прибув в цей світ щоб відродити людей, які були приреченими на знищення з часу гріхопадіння Адама і щоб зробити їх дітьми Божими.

Через це євреї не визнавали Ісуса Месією, а натомість розіп'яли Його. Вивчивши образ Месії, записаний в Біблії, можна тільки підтвердити те, що Месією є дійсно Ісус.

> *Бо Він виріс перед Ним, мов галузка, і мов корінь з сухої землі, не мав Він принади й не мав пишноти; і ми Його бачили, та краси не було, щоб Його пожадати! Він погорджений був, Його люди покинули, страдник, знайомий з хоробами, і від Якого обличчя ховали, погорджений, і ми не цінували Його...* (Ісая 53:2-3).

Бог сказав ізраїльтянам, що Месія, ізраїльський цар, не

буде виглядати велично і зовнішність Його не привертатиме увагу людей, натомість вони будуть Його зневажати та покинуть. Як і раніше ізраїльтяни не визнають Ісуса як Месію, котрого Бог їм пообіцяв.

Його зневажали та покинули Божі обранці ізраїльтяни, але Бог поставив Ісуса Христа понад всіма народами, і величезна кількість людей до цього часу прийняла Його як свого Спасителя.

Як написано в книзі Псалмів 118:22-23: *«Камінь, що його будівничі відкинули, той наріжним став каменем, від Господа сталося це, і дивне воно в очах наших!»*, задум спасіння людей був досягнутий Ісусом, від Якого відмовилися ізраїльтяни.

Ісус не виглядав як Месія, Якого ізраїльські люди очікували побачити, але ми можемо зрозуміти, що Ісус це Месія, якого Бог провіщав в Своїх пророцтвах.

Все, що було пообіцяне нам через Месію, включаючи славу, мир і відродження, належить до духовного царства, а Ісус, Який прийшов в цей світ щоб виконати завдання Месії, сказав: *«Моє Царство не із світу цього»* (Іван 18:36).

Месія, про якого віщував Бог, не був царем з земною владою чи славою. Месія мав прийти в цей світ не для того, щоб діти Божі насолоджувалися багатством і славою під час їхнього тимчасового життя в цьому світі. Він повинен був прийти, щоб врятувати Своїх людей від їхніх гріхів і привести їх до вічної радості і слави на небесах на віки вічні.

> *І станеться в день той: до Кореня Єссеєвого, що стане прапором народам, погани звертатися будуть до Нього, і буде славою місце спочинку Його!* (Ісая 11:10).

Обіцяний Месія мав прийти не тільки Божим обранцям ізраїльтянам, а й щоб виконати обіцянку спасіння для всіх, хто вірою прийняв Божу обіцянку Месії і йде по стопах Авраамової віри. Коротко кажучи, Месія мав прийти, щоб виконати Божу обіцянку спасіння як Спаситель всіх народів на землі.

Потреба спасіння всіх людей

Чому Месія повинен був прийти в цей світ не тільки для спасіння ізраїльтян, а й щоб врятувати всіх людей?

В книзі Буття 1:28 Бог поблагословив Адама і Єву і сказав їм: *«Плодіться й розмножуйтеся, і наповнюйте землю, оволодійте нею, і пануйте над морськими рибами, і над птаством небесним, і над кожним плазуючим живим на землі!»*

Після того, як Бог створив першого чоловіка Адама і зробив його володарем всіх інших істот, Він дав людині владу «володіти» і «панувати над» землею. Але коли Адам з'їв плід з дерева пізнання добра і зла, яке Бог особливо заборонив йому і вчинив гріх непокори, спокушений змієм, яким володів

Сатана, то перший чоловік вже більше не міг мати таку владу.

Коли Адам і Єва підкорялися праведному Слову Божому, вони були слугами праведності і мали владу, яку Бог їм дав. Проте після згрішення ці люди стали слугами гріха і диявола і були змушені віддати владу (до Римлян 6:16). Тому вся влада, яку Адам отримав від Бога, була передана дияволу.

В Євангелії від Луки 4, ворожий диявол три рази спокушав Ісуса, Який тільки-но закінчив 40-денний піст. Диявол показав Ісусові всі царства світу і сказав Йому: *«Я дам Тобі всю оцю владу та їхню славу, бо мені це передане, і я даю, кому хочу, її. Тож коли Ти поклонишся передо мною, то все буде Твоє!»* (Лука 4:6-7). Диявол має на увазі те, що «влада і їхня слава» була «передана йому» від Адама і тому Сатана може також передати її комусь іншому.

Так, Адам втратив свою владу і передав її дияволу, і в результаті цього став його слугою. З того часу він вчиняв гріх за гріхом під контролем диявола і ступив на шлях смерті, який є відплатою за гріхи. Це не зупинило Адама, а вплинуло на всіх його нащадків, які через спадкові фактори повинні були унаслідувати первородний гріх першого чоловіка. Вони також опинилися під владою гріха, якою керує диявол і Сатана, і стали приреченими на смерть.

Ось чим пояснюється необхідність приходу Месії. Не тільки Божому вибраному народу ізраїльтянам, а й всім людям на світі потрібен Месія, який зможе врятувати їх від влади диявола і Сатани.

Ознаки Месії

Так само як в цьому світі є закони, так і в духовному царстві є норми та правила. Від закону духовного царства залежить чи людина помре чи отримає прощення своїх гріхів і спасіння.

Які ознаки повинна мати людина, щоб стати Месією і врятувати всіх людей від прокляття Закону?

В Законі, який Бог дав Своїм обранцям, можна знайти положення про ознаки Месії. Цей закон стосувався викупу землі.

А земля не буде продаватися назавжди, бо Моя та земля, бо ви приходьки та осілі в Мене. А ви в усій землі вашої посілости дозволяйте викуп землі. Коли збідніє твій брат, і продасть із своєї посілости, то прийде викупник його, близький йому, і викупить продаж брата свого (Левит 25:23-25).

В законі викупу землі містяться таємниці про ознаки Месії

Божі обранці ізраїльтяни дотримуються закону. Тому під

часу укладення угоди продажу або придбання землі, вони суворо дотримуються закону викупу землі, записаного в Біблії. На відміну від закону про землю в інших країнах, відповідний закон в Ізраїлі чітко зазначає в угоді, що землю не можна продавати назавжди, а її можна викупити пізніше. Це означає, що багатий родич може викупити землю для члена сім'ї, який її продав. Якщо людина не має родича досить багатого, щоб викупити землю, але він сам відновив засоби, достатні для її викупу, то закон дозволяє первинному власнику землі викупити її.

Як тоді закон викупу землі в книзі Левит пов'язаний з ознаками Месії?

Для того, щоб це краще зрозуміти треба пам'ятати те, що людина була створена з пороху земного. В книзі Буття 3:19 Бог сказав Адамові: *«У поті свойого лиця ти їстимеш хліб, аж поки не вернешся в землю, бо з неї ти взятий. Бо ти порох, і до пороху вернешся.»* А в книзі Буття 3:23 читаємо: *«І вислав його ГОСПОДЬ Бог із еденського раю, щоб порати землю, з якої узятий він був.»*

Бог сказав Адамові: «Бо ти порох» і «земля» духовно означає, що людина була створена з пороху земного. Тому закон викупу землі щодо покупки і продажу землі, прямо пов'язаний з законом духовного царства, який стосується спасіння людства.

Відповідно до закону викупу землі, Бог володіє всією землею і ніхто з людей не може продати її назавжди. Крім того, вся влада, яку Адам отримав від Бога первинно належала Богу і тому ніхто не може продати її назавжди. Якщо хтось переживає злидні і продає свою землю, вона має бути викуплена коли з'являється відповідна людина. Так само, диявол має повернути владу, передану йому Адамом, коли з'явиться особа, яка зможе викупити цю владу.

Люблячий і справедливий Бог, базуючись на законі викупу землі, приготував того, хто може відновити владу, яку Адам передав дияволу. Такою особою є Месія, а Месія це Ісус Христос, Який був приготовлений у вічності і посланий Самим Богом.

Ознаки Спасителя і як Ісус Христос їх задовольняє

Давайте базуючись на законі викупу землі, дослідимо чому Ісус є Месією і Спасителем всього людства.

По-перше, оскільки той, хто викупляє землю має бути родичем, Спаситель також має бути людиною, щоб відкупити гріхи людства, тому що всі люди стали грішниками через первородний гріх Адама. В книзі Левит 25:25 говориться: *«Коли збідніє твій брат, і продасть із своєї посілости, то прийде викупник його, близький йому, і викупить продаж брата свого.»* Якщо людина не може собі дозволити утримувати землю і продає її, то найближчий родич може викупити землю. Крім того, через те, що перший чоловік Адам згрішив і мусив передати дияволові владу, дану йому Богом, викуплення цієї влади може і має бути виконане людиною, «найближчим родичем» Адама.

Як згадано в Першому посланні до коринтян 15:21: *«Смерть бо через людину, і через Людину воскресення мертвих»*, Біблія ще раз підтверджує, що відкуплення грішників може бути здійснене не ангелами чи бісами, а тільки людиною. Люди ступили на смертний шлях через гріх першого чоловіка Адама, тому хтось інший має звільнити їх від їхніх гріхів, і тільки ближній, Адамів «найближчий родич» може це зробити.

Незважаючи на те, що Ісус мав людську, так само як і божественну природу як Син Божий, Він народився від людини, щоб звільнити людей від їхніх гріхів (Іван 1:14), і виріс як людина. Ісус спав, відчував голод і спрагу, радість і смуток. Коли Його повісили на хресті, Спаситель стікав кров'ю і зносив страшний біль.

Навіть в історичному контексті існує беззаперечний факт, який свідчить про те, що Ісус прийшов в цей світ як людина. За часом народження Ісуса як відправним пунктом, вся світова історія поділяється на дві частини: «до нашої ери» (від анг. Before Christ) і «нашої ери» або «від Різдва Христового» (від лат. anno Domini). «До нашої ери» позначає час до народження Ісуса, а «від Різдва

Христового» означає час від народження Христа. Це факт підтверджує, що Ісус прийшов у цей світ як людина. Тому Він відповідає першій ознаці Спасителя, оскільки прийшов в цей світ у людській подобі.

По-друге, так само як викупник землі не може викупити її якщо він бідний, нащадок Адама не може звільнити людей від гріхів, тому що Адам згрішив і всі його нащадки народжуються з первородним гріхом. Тому Спаситель всього людства не має бути Адамовим нащадком.

Якщо брат хоче оплатити борг сестри, він сам має бути без боргів. Так само людина, яка хоче врятувати інших від їхніх гріхів, має бути безгрішною. Якщо рятівник грішник, то він є слугою гріха. Тоді як він може звільнити інших від гріхів?

Після того як Адам вчинив гріх непослуху, всі його нащадки народжуються з первородним гріхом. Тому жоден з них ніколи не зможе стати Спасителем.

З точки зору людини, Ісус є нащадком Давида, а Його батьками є Йосип і Марія. Однак, в Євангелії від Матвія 1:20 говориться: *«Бо зачате в ній то від Духа Святого.»*

Кожна людина народжується з первородним гріхом тому, що вона успадковує грішні ознаки своїх батьків через сперматозоїд батька і яйцеклітину матері. Проте, Ісус був зачатий не через сперматозоїд Йосипа і яйцеклітину Марії, а від Святого Духа. Це було тому, що вона завагітніла перед шлюбною ніччю. Всемогутній Бог може вчинити так, що дитина може бути зачата силою Святого Духа без злиття сперматозоїда і яйцеклітини.

Ісус лише «позичив» тіло Діви Марії. Оскільки Він був зачатий силою Святого Духа, то не успадкував жодних ознак грішників. Так як Ісус не є нащадком Адама і не має первородного гріха, Він також задовольняє другу ознаку Спасителя.

По-третє, оскільки викупник землі має бути досить багатим щоб викупити її, Спаситель всього людства повинен мати силу щоб перемогти диявола і врятувати людей від нього.

В книзі Левит 25:26-27 говориться: *«А чоловік, коли не буде йому викупника, а рука його стане спроможна, і знайде потрібне на викуп його, то облічить він літа продажу свого, і верне позостале чоловікові, що продав йому, та й вернеться до своєї посілости.»* Іншими словами, для того, щоб купити землю, людина повинна мати «засоби», щоб це зробити.

Для того, щоб звільнити військовополонених, одна сторона повинна мати силу, щоб завдати поразки ворогові, а щоб повернути борг інших треба мати фінансові засоби. Крім того, для того аби врятувати всіх людей від влади диявола, Спаситель має володіти силою, щоб перемогти диявола.

Перед згрішенням Адам мав владу правити над всіма створіннями, але після гріхопадіння він став підвладним дияволові. З цього можна зробити висновок, що сила перемогти диявола походить від безгрішності.

Ісус, Син Божий був повністю безгрішним. Через те, що Він був зачатий Святим Духом і не був нащадком Адама, Христос народився без первородного гріха. Більше того, через те, що Він ревно дотримувався Закону Божого впродовж всього Свого життя, Ісус не мав власних гріхів. Через це Петро, Ісусів апостол сказав, що Вчитель *«Не вчинив Він гріха, і не знайшлося в устах Його підступу! Коли був лихословлений, Він не лихословив взаємно, а коли Він страждав, не погрожував, але передав Тому, Хто судить справедливо»* (1 Петра 2:22-23).

Оскільки Ісус був безгрішним, Він мав владу і силу, щоб завдати поразки дияволу і врятувати людство від нього. Свідками цього є Його численні вияви чудових знамень та див. Ісус зцілював хворих, виганяв демонів, виліковував незрячих, глухих і кривих. Він навіть заспокоїв бурхливе море і воскрешав з мертвих.

Те, що Христос був безгрішним ще раз підтверджує Його воскресіння. Відповідно до закону духовного царства, грішники мають померти (до Римлян 6:23). Оскільки Ісус був безгрішним, на Нього не поширювалася влада смерті. Він віддав духа на хресті і тіло Його було поховане в гробниці, але на третій день Ісус воскрес.

Пам'ятайте, що такі великі батьки віри як Єнох та Ілля

вознеслися на небо не пізнавши смерті, тому що вони були безгрішними і у всіх відношеннях святими. Так само на третій день по похованні, Ісус розбив владу диявола і Сатани через Своє воскресіння і став Спасителем всього людства.

По-четверте, так само як викупник землі повинен мати любов, щоб викупити землю свого родича, так і Спаситель всього людства має володіти любов'ю, з допомогою якої Він може присвятити Своє життя іншим.

Навіть якщо Спаситель відповідає всім трьом ознакам, загаданими раніше, але не має любові, Він не може стати Спасителем всього людства. Уявімо брат має борг, розміром в 100000 доларів, а його сестра є мультимільйонером. Не маючи любові сестра не виплатить борг свого брата і її величезне багатство нічого не означає для нього.

Ісус прийшов в цей світ як людина, не був нащадком Адама, і мав владу щоб перемогти диявола і врятувати людей від нього, тому що він взагалі не мав гріха. Проте, якщо б в нього не було любові, то Він не зміг би звільнити людей від їхніх гріхів. Те, що Ісус це зробив означає, що Він мав отримати покарання смертю від їхнього імені. Для того, щоб врятувати людей від їхніх гріхів, Ісус мав бути розіп'ятим як один з найжахливіших грішників світу, пережити глузування та зневагу і пролити всю Свою воду і кров аж до смерті. Через те, що любов Ісуса до людей була такою палкою і Він бажав звільнити їх від гріхів, Христос не боявся покарання через розп'яття.

Чому тоді Ісус мав бути повішаним на хресті і пролити Свою кров поки не помер? Як сказано в книзі Второзаконня 21:23: «бо повішений Боже прокляття» і відповідно до закону духовного царства, який говорить що «Відплатою за гріхи є смерть», Ісус був повішаний на дереві, щоб звільнити людей від прокляття гріха, яким вони були обмежені.

Більше того, в книзі Левит 17:11 читаємо: *«Бо душа тіла в крові вона, а Я дав її для вас на жертівника для очищення за душі ваші, бо кров та вона очищує душу.»* Тобто без пролиття корові немає прощення гріхів.

Звичайно, в книзі Левит говориться, що хороше борошно може бути принесене в жертву Богу замість крові тварин. Але це дозволялося тільки тим, які не могли собі дозволити пожертвувати тварину. І це не була жертва крові, якою Бог був задоволений. Ісус звільнив нас від наших гріхів будучи повішаним на дерев'яному хресті і вмерши, стікаючи на ньому кров'ю.

Якою чудовою є Ісусова любов, що Він пролив Свою кров на хресті і відкрив шлях спасіння для тих, хто насміхалися з Нього і розіп'яли Його, хоча Він зцілював людей від всяких хвороб, ослабив узи зла і робив тільки добро?

Базуючись на законі викупу землі ми можемо зробити висновок, що тільки Ісус задовольняє ознаки Спасителя, який може звільнити людство від гріхів.

Шлях спасіння людства, приготований перед початком часів

Шлях спасіння людства відкрився коли Ісус помер на хресті і воскрес на третій день після Свого поховання, розбивши владу смерті. Прихід Христа в цей світ для того, щоб виконати задум спасіння людства і стати Месією, був передбачений з того самого моменту, коли Адам згіршив.

В книзі Буття 3:15 Бог сказав змію, який спокусив жінку: *«І Я покладу ворожнечу між тобою й між жінкою, між насінням твоїм і насінням її. Воно зітре тобі голову, а ти будеш жалити його в п'яту.»* Тут «жінка» духовно символізує Божий вибраний народ ізраїльтян, а «змій» позначає ворожого диявола і Сатану, який виступає проти Бога. Коли насіння «жінки зітре [змію] голову», це означає, що Спаситель людства прийде серед ізраїльтян і переможе владу смерті ворожого диявола.

Змій стає безсилим, коли його ранять. Так само, коли Бог сказав змієві, що насіння жінки вразить його в голову, Він передбачив, що Христос, буде народжений для людства з ізраїльського народу, знищить владу диявола і Сатани і врятує грішників, які є йому підвладними.

Через те, що диявол дізнався про це, він прагнув вбити насіння жінки перед тим, як воно завдасть удару по його голові. Тому диявол думав, що зможе вічно мати владу, передану непокірним Адамом, тільки якщо він вб'є насіння жінки. Проте, ворожий диявол не знав хто буде цим насінням і тому почав вбивати Божих вірних і любих пороків ще з часів Старого Заповіту.

Коли народився Мойсей, ворожий диявол підбурив єгипетського фараона вбивати всіх єврейських новонароджених хлопчиків (Вихід 1:15-22). А коли Ісус воплотився і прийшов в цей світ, Сатана керував царем Іродом і змусив його вбивати всіх хлопчиків від двох років і молодших, які народилися у Вифлеємі і в окрузі. Через це Бог керував Ісусовою сім'єю і дав їм можливість втекти до Єгипту.

Після цього Ісус ріс під опікою Самого Бога і почав Своє служіння в 30-ти річному віці. Відповідно до волі Божої, Він подорожував Галілеєю, навчаючи в синагогах, і зцілюючи всяку хворобу і недугу серед людей, воскрешаючи мертвих і проповідуючи бідним Євангеліє Царства Небесного.

Диявол і Сатана підбурив первосвящеників, книжників і фарисеїв і почав складати план як вбити Ісуса їхніми руками. Але злі люди не могли навіть торкнутися Христа до часу Божого вибору. Тільки в кінці Ісусового трирічного служіння Бог дозволи їм затримати і розп'ясти Свого Сина, щоб здійснити задум людського спасіння через розп'яття Ісуса.

Піддавшись тиску з боку євреїв, римський намісник Понтій Пилат приговорив Ісуса до смерті шляхом розп'яття і тому римські вояки коронували Його терновим вінком і прибили руки і ноги Ісуса на хресті.

Розп'яття було одним з найжорстокішим методів страти злочинців. Коли диявол досягнув успіху і руками злих людей розіп'яв Ісуса таким жорстоким шляхом, як же він радів! Диявол думав, що ніхто і ніщо вже не зможе завадити його пануванню над світом, співав радісні пісні і танцював. Але в цьому виявився Божий задум.

Але ми говоримо Божу мудрість у таємниці, приховану, яку Бог перед віками призначив нам на славу, яку ніхто з володарів цього віку не пізнав; коли б бо пізнали були, то не розп'яли б вони Господа слави! (1 до Коринтян 2:7-8).

Через те, що Бог справедливий, Він не проявляє абсолютну владу аж до порушення закону, а все робить відповідно із законом духовного царства. Тому Він проклав шлях людського спасіння перед віками згідно з законом Божим.

Відповідно до закону духовного царства, який говорить, що «заплата за гріх смерть» (до Римлян 6:23), якщо людина не грішить, вона не може померти. Проте, диявол розіп'яв безгрішного, безневинного і бездоганного Ісуса. Ось тому він порушив закон духовного царства і мав відплатитися, віддаючи владу, передану йому Адамом, після вчинення гріху непокори. Іншими словами, тепер диявол був змушений відпустити з-під своєї влади людей, які приймали Ісуса як їхнього Спасителя і вірили в Його ім'я.

Якщо б ворожий диявол знав цю мудрість Божу, то не розіп'яв би Ісуса. Через те, що він навіть уявлення не мав про таку таємницю, то вбив безневинного Христа, щиро віривши що це забезпечить його вічне панування над світом. Але насправді диявол потрапив в свою власну пастку і порушив закон духовного царства. Якою надзвичайною є Божа мудрість!

Правда полягає в тому, що ворожий диявол став знаряддям виконання Божого задуму спасіння людства і як було передбачено в книзі Буття, його голова була «стерта» насінням жінки.

За Божим задумом безгрішний Ісус помер, щоб звільнити всіх людей від їхніх гріхів, і воскресши на третій день, Він розбив владу смерті ворожого диявола і став Царем над Царями і Паном над панами. Месія відкрив двері спасіння, так що ми можемо бути виправдані через віру в Ісуса Христа.

Тому величезна кількість людей протягом людської історії була врятована через віру в Ісуса Христа і ще більше сьогодні приймають Господа Ісуса Христа.

Через віру в Ісуса Христа отримаєте дар Святого Духа

Чому ми отримуємо спасіння, коли віримо в Ісуса Христа? Після того як приймаємо Його як свого Спасителя, то отримуємо від Бога дар Святого Духа. Коли ми отримуємо дар Святого Духа, наші духи, які були мертвими, оживають.

Оскільки Святий Дух це сила і любов Божа, то цей Дух веде Божих дітей до правди і допомагає їм жити за волею Божою.

Тому ті, хто справді вірять, що Ісус Христос їхній Спаситель, будуть виконувати бажання Святого Духа і намагатися жити за Словом Божим. Вони позбавляться ненависті, гарячковості, ревнощів, заздрощів, суджень та звинувачення інших, а також перелюбу, натомість житимуть в доброті та правді, будуть розуміти, служити та любити інших.

Як вже було згадано раніше, коли перший чоловік Адам згрішив, з'ївши плід з дерева пізнання добра і зла, дух в людині помер і вона стала на шлях загибелі. Але коли ми отримуємо дар Святого Духа, наш мертвий дух відроджується. І коли ми слідуємо бажанням Святого Духа і виконуємо правдиве Словом Божим, то поступово стаємо праведниками і відновлюємо втрачений образ Божий.

Коли ми живемо згідно з правдивим Словом Божим, нашу віру можна назвати правдивою вірою, і через те, що гріхи будуть очищені кров'ю Ісуса відповідно до діянь віри, то зможемо отримати спасіння. Через це в Першому посланні апостола Івана 1:7 говориться: *«Коли ж ходимо в світлі, як Сам Він у світлі, то маємо спільність один із одним, і кров Ісуса Христа, Його Сина, очищує нас від усякого гріха.»*

Так ми можемо вірою здобути спасіння, після прощення

наших гріхів. Однак, якщо ми живемо гріховно, незважаючи на те, що стверджуємо що віруємо, це визнання є брехнею, і тому кров Ісуса Христа не може звільнити нас від наших гріхів, і Він не може гарантувати нам спасіння.

Звичайно інша справа з людьми, які тільки-но прийняли Ісуса Христа. Навіть якщо вони поки не живуть в правді, Бог погляне на їхні серця, повірить, що вони зміняться, і поведе їх до спасіння, якщо ці люди прагнуть досягнути правди.

Ісус виконує пророцтва

Боже Слово про Месію, провіщене через пороків, буде виконане Ісусом. Кожен момент життя Ісуса від Його народження і служіння до смерті, розп'яття і воскресіння, був задуманий Богом, як і те, що Христос мав стати Месією і Спасителем всього людства.

Ісус народився від Діви Марії у Вифлеємі

Через пророка Ісаю Бог передвістив народження Ісуса. В час Божого вибору, сила Найвищого Бога спустилася на непорочну діву, яка називалася Марією в Назареті, що в Галілеї, і скоро вона завагітніла

> *Тому Господь Сам дасть вам знака: Ось Діва в утробі зачне, і Сина породить, і назвеш ім'я Йому: Еммануїл* (Ісая 7:14).

Оскільки Бог пообіцяв ізраїльтянам: *«Не буде кінця царям з роду Давидового»*, Він зробив так, що Месія народився від Марії, яка одружилася з Йосипом, нащадком Давида. Так як нащадок Адама, народжений з первородним гріхом не міг звільнити людей від їхніх гріхів, Бог виконав пророцтво тим, що Діва Марія народила Ісуса перед одруженням з Йосипом.

А ти, Віфлеєме-Єфрате, хоч малий ти у тисячах Юди, із тебе Мені вийде Той, що буде Владика в Ізраїлі, і віддавна постання Його, від днів віковічних (Міхей 5:2).

Біблія провістила, що Ісус народиться у Вифлеємі. Справді, Він народився у Вифлеємі в Юдеї під час правління царя Ірода (Матвій 2:1). Сама історія засвідчує цю подію.

Коли народився Ісус, цар Ірод боявся, що це може бути загрозою його правлінню і намагався Його вбити. Однак, цар не міг знайти дитину і тому вбивав всіх хлопчиків від двох років і молодших у Вифлеємі та в навколишніх округах. Через це в тім краї панувало ридання і жалоба.

Якщо б Ісус не прийшов в цей світ як справжній цар євреїв, чому ж тоді Ірод пожертвував стільки дітей, щоб вбити одне немовля? Це сталося тому, що ворожий диявол прагнув вбити Месію через страх втратити свою владу над світом. Тому він керував царем Іродом, який боявся втратити власну корону і змусив його вчинити таке звірство.

Ісус засвідчує живого Бога

Перед початком Свого служіння, протягом тридцяти років Свого життя Ісус повністю дотримувався Закону. І коли вік дозволяв Йому стати священиком, Ісус почав виконувати Своє служіння, щоб стати Месією, як було задумано перед віками.

Дух ГОСПОДА Бога на мені, бо ГОСПОДЬ помазав Мене благовістити сумирним, послав Мене перев'язати зламаних серцем, полоненим звіщати свободу, а в'язням відчинити в'язницю, щоб проголосити рік уподобання ГОСПОДУ, та день помсти для нашого Бога, щоб потішити всіх, хто в жалобі, щоб радість вчинити сіонським жалобникам, щоб замість попелу дати їм оздобу, оливу радости замість жалоби, одежу хвали замість темного духа! І будуть їх звати дубами праведности, саджанцями Господніми, щоб прославивсь Господь! (Ісая 61:1-3).

Як бачимо з пророцтва, Ісус вирішив всі житейські проблеми за допомогою сили Божої і заспокоїв всіх згорьованих людей. І коли прийшов час Божого вибору, Він прийшов в Єрусалим, щоб знести Страсті Господні.

Радій вельми, о дочко Сіону, веселись, дочко

Єрусалиму! Ось Цар твій до тебе гряде, справедливий і повний спасіння, покірний, і їде на ослі, і на молодім віслюкові, сині ослиці (Захарія 9:9).

Відповідно до пророцтва Захарія, Ісус ввійшов в Єрусалим, сидячи на віслюкові. Натовп викрикував: *«Осанна Сину Давидовому! Благословенний, хто йде у Господнє Ім'я! Осанна на висоті!»* (Матвій 21:9), і в місті панував неспокій. Люди дуже раділи, тому що Ісус творив такі чудові знамення і дива, як наприклад ходив по воді і воскрешав з мертвих. Проте, скоро натовп зрадив і розіп'яв Його.

Коли священики, фарисеї і книжки побачили яка велика юрба йшла за Ісусом, щоб почути Його владні слова і побачити вияви сили Божої, вони відчули в цьому загрозу своєму становищу в суспільстві. Через страшну ненависть до Ісуса, вони придумали вбити Його. Ці люди вигадали різні фальшиві докази проти Христа і звинуватили Його в обмані та підбурюванні людей. Ісус виявляв дивовижні діяння сили Божої, які не могли бути зроблені ніким іншим ніж Самим Богом, але фарисеї хотіли позбутися Його.

В кінці кінців один з Ісусових апостолів зрадив Його, а священики заплатили йому тридцять срібняків за те, що він допоміг затримати Христа. Пророцтво Захарії про тридцять срібняків, яке каже: *«І Я взяв оті тридцять срібняків, і те кинув до дому Господнього, до ганчаря»* було виконане (Захарія 11:12-13).

Пізніше, той хто зрадив Ісуса за тридцять срібняків не зміг подолати почуття провини, і кинув їх в храмі, але священики купили за ті гроші *«землю гончарову»* (Матвій 27:3-10).

Страсті і смерть Ісуса

Як провістив пророк Ісая, Ісус терпів Страсті Господні, щоб врятувати всіх людей. Через те, що Він прийшов в цей світ, щоб виконати задум звільнення Своїх людей від їхніх гріхів, то був повішаний і помер на дерев'яному хресті, який був символом прокляття. Таким чином Ісус був принесений Богові як спокутна жертва за провини людства.

Направду ж Він немочі наші узяв і наші болі поніс, а ми уважали Його за пораненого, ніби Бог Його вдарив поразами й мучив... А Він був ранений за наші гріхи, за наші провини Він мучений був, кара на Ньому була за наш мир, Його ж ранами нас уздоровлено! Усі ми блудили, немов ті овечки, розпорошились кожен на власну дорогу, і на Нього ГОСПОДЬ поклав гріх усіх нас! Він гноблений був та понижуваний, але уст Своїх не відкривав. Як ягня був проваджений Він на заколення, й як овечка перед стрижіями своїми мовчить, так і Він не відкривав Своїх уст... Від утиску й суду Він забраний був, і хто збагне Його рід? Бо з краю живих Він відірваний був, за провини Мого народу на смерть Його дано... І з злочинцями визначили Йому гроба Його, та Його поховали в багатого, хоч провини Він не учинив, і не було в Його устах омани... Та зволив ГОСПОДЬ, щоб побити Його, щоб муки завдано Йому. Якщо ж душу Свою покладе Він як жертву за гріх, то побачить насіння, і житиме довгії дні, і замір ГОСПОДНІЙ рукою Його буде мати поводження! (Ісая 53:4-10).

В часи Старого заповіту кров тварин приносилася в жертву Богові кожного разу, коли людина грішила проти Нього. Але Ісус пролив Свою чисту кров, в якій не було ні першородного гріха, ні провини, вчиненої Ним самим, і «приніс одну пожертву за гріхи», так що всі люди можуть отримати прощення їхніх гріхів та життя вічне (до Євреїв 10:11-12). Тому Він проклав шлях для прощення гріхів і спасіння через віру в Ісуса Христа, і нам більше не треба приносити в жертву кров тварин.

Коли Ісус віддав духа на хресті, завіса у храмі роздерлася надвоє від верху до низу (Матвій 27:51). Завіса в храмі була довгою заслоною, яка відділяла Святая Святих від Святилища і проста людина не могла зайти до Святилища. Тільки первосвященик раз в рік міг ввійти до Святая Святих.

Той факт, що «завіса у храмі роздерлася надвоє від

верху до низу» символізує те, що коли Ісус пожертвував Себе як спокутну жертву, Він знищив стіну гріха, ставши посередником між Богом і нами. В часи Старого Заповіту первосвященики повинні були приносити Богу жертви для звільнення ізраїльтян від їхніх гріхів і молилися Богові від їхнього імені. Тепер, коли стіна гріха, яка стояла на шляху до Бога була зруйнована, ми самі можемо спілкуватися з Богом. Іншими словами, будь-яка людина хто вірить Ісуса Христа може ввійти до святого храму Божого, поклонятися Йому і молитися там.

Тому то дам уділ Йому між великими, і з потужними буде ділити здобич за те, що на смерть віддав душу Свою, і з злочинцями був порахований, хоч гріх багатьох Сам носив і заступавсь за злочинців! (Ісая 53:12).

Як пророк Ісая записав про Страсті і Розп'яття Месії, Ісус помер на хресті за гріхи всіх людей і був зарахований до грішників. Навіть коли Він висів на хресті, то попросив Бога простити тих, хто розпинав Його.

Отче, відпусти їм, бо не знають, що чинять вони! (Лука 23:34).

Коли Ісус помер на хресті, виконалося пророцтво псалміста: *«Він пильнує всі кості його, із них жодна не зламається!»* (Псалом 34:20) Ми також можемо знайти його виконання в Євангелії від Івана 19:32-33: *«Тож прийшли вояки й поламали голінки першому й другому, що розп'ятий з Ним був. Коли ж підійшли до Ісуса й побачили, що Він уже вмер, то голінок Йому не зламали.»*

Ставши Месією, Ісус виконує Своє служіння

Ісус ніс гріхи людей на Своєму хресті і помер за них, як спокутна жертва, але задум спасіння виконався не через смерть Христа.

Як було провіщено в Псалмі 16:10: *«Бо Ти не опустиш моєї душі до шеолу, не попустиш Своєму святому побачити тління!»*, і в Псалмі 118:17: *«Не помру, але житиму, і буду звіщати про чини ГОСПОДНІ!»* тіло Ісуса не розклалося і Він воскрес на третій день.

Як далі передбачено в Псалмі 68:18: *«Ти піднявся був на висоту, полонених набрав, узяв дари ради людини, і відступники мешкати будуть у ГОСПОДА Бога також»* Ісус вознісся на небеса і чекав на останні дні, коли Він закінчить людське культивування і приведе Своїх людей на небеса.

Не важко помітити як те, що провістив Бог про Месію через Своїх пророків, було повністю виконане через Ісуса Христа.

Смерть Ісуса і передбачення долі Ізраїлю

Божий обраний народ ізраїльтяни не змогли впізнати в Ісусові Месію. Однак, Бог не покинув тих, кого Він обрав, і сьогодні виконує Свій задум спасіння Ізраїлю.

Навіть через розп'яття Ісуса Бог провістив майбутнє Ізраїлю. Він так зробив через Свою палку любов до них і бажання, щоб вони повірили в Месію, Якого Бог послав, та отримали спасіння.

Страждання ізраїльтян, які розіп'яли Ісуса

Хоча римський намісник Понтій Пилат засудив Ісуса до смерті на хресті, саме євреї переконали його так вчинити. Пилат знав, що не було підстав, щоб вбити Ісуса, але натовп тиснув на нього, кричав за розп'яття Христа, і навіть з'явилася ймовірність заколоту.

Підтверджуючи своє рішення розіп'ясти Ісуса, Пилат взяв воду, вмив в ній руки перед всім натовпом і сказав їм: «Я невинний у крові Його! Самі ви побачите…» (Матвій 27:24). У відповідь євреї вигукнули: «На нас Його кров і на наших дітей!» (Матвія 27:25).

В 70 році від Різдва Христового Єрусалим був взятий римським генералом Титом. Храм Божий був знищений, а ті, що вціліли, були змушені покинути свої домівки і піти світами. Тому розпочався період розсіяння євреїв за межі Палестини (так званий період Діаспори від анг. Diaspora прим. перекл.), який тривав близько 2000 років. В цей час ізраїльтяни терпіли такі муки та страждання, які неможливо описати словами.

Коли Єрусалим впав, було знищено близько 1.1 мільйона євреїв, а в часи Другої світової війни нацисти вбили близько шести мільйонів євреїв. Коли фашисти їх знищували, євреїв роздягали до гола. Це є згадкою про часи, коли Ісус був розп'ятий голий.

Звичайно, ізраїльтяни можуть стверджувати, що їхні страждання не є наслідком розп'яття Ісуса. Проте, дивлячись на історію Ізраїлю, можна легко підмітити, що Бог захищав Ізраїль та його людей і вони процвітали, коли жили за волею Божою. Та коли віддалилися від Божої волі, вони були покарані, піддані стражданням і випробуванням.

Тому ми знаємо, що муки ізраїльтян мають причини. Якщо Бог вважав правильним розп'ясти Ісуса, то чому тоді Він залишив ізраїльтян серед безперервного і жорстокого горя на такий довгий період часу?

Одежа і хітон Ісуса та майбутнє Ізраїлю.

Інший випадок, який провістив майбутнє Ізраїлю,

відбувся на місці розп'яття Ісуса. В книзі Псалмів 22:18 читаємо: *«Ділять шати мої поміж собою і на покриття моє кидають жереба.»* Тобто римські вояки взяли одяг Ісуса і поділили його на чотири частини, так щоб дісталося кожному, а на Його хітон вони кинули жереб, і один з них забрав його собі.

Як ця подія пов'язана з майбутнім Ізраїлю? Оскільки Ісус є Царем Юдейським, Його одяг в духовному сенсі означає Божих обранців, ізраїльську державу та її народ. Коли одяг Ісуса був розділений на чотири частини і як такий зник, це провістило знищення ізраїльської держави. Проте, тканина залишилася. Це означає, що навіть коли держава може зникнути, ім'я Ізраїль залишиться.

Що означає те, що римські воїни взяли одяг Ісуса і поділили його на чотири частини, так щоб кожному вистарчило? Це позначає, що ізраїльтяни будуть знищені Римом, і розкидані по світу. Це пророцтво також здійснилося з падінням Єрусалиму і знищенням ізраїльської держави. Внаслідок цих подій євреї були розкидані по різних куточках світу.

В Євангелії від Івана 19:23 читаємо про хітон Ісуса: *«А хітон був не шитий, а витканий цілий відверху.»* Те, що Його хітон був «не шитий» свідчить про те, що він не був зшитий з багатьох кусків тканини.

Більшість людей не цікавляться як виткане їх вбрання. Тоді чому Біблія так детально описує будову Ісусового хітона? В цьому міститься пророцтво про майбутнє ізраїльтян.

Хітон Ісуса символізує любов ізраїльтян, з допомогою якої вони служать Богові. Те, що хітон був «не шитий, а витканий цілком зверху» позначає любов ізраїльтян до Бога, яка ще була закладена прабатьком Яковом, і яка є непохитною при будь-яких обставинах.

Дванадцять племен, які утворилися після часів Авраама, Ісаака і Якова, сформували ізраїльський народ, який зберігав чистоту нації, не одружуючись з поганами. Після поділу на Ізраїльське царство на півночі та Юдейське царство на півдні, люди в північному царстві брали шлюб між собою, і Юдея залишилася гомогенною нацією. Навіть сьогодні євреї захищають свою ідентичність, яка збереглася ще з часів прабатьків віри.

Тому, хоча одяг Ісуса був поділений на чотири частини, Його хітон залишився цілим. Це означає, що в той час коли сама ізраїльська держава може зникнути, любов ізраїльтян до Бога і їхня віра в Нього не може бути знищена.

Через те, що вони мали непохитну любов, Бог обрав їх як Свій народ і через них Він виконує Свій задум і волю до сьогоднішнього дня. Навіть після тисячі років ізраїльтяни продовжують точно дотримуватися Закону через те, що вони успадкували незмінну любов Якова.

В результаті цього майже через 1900 років після того, як ізраїльтяни втратили свою країну, вони шокували світ проголосивши свою незалежність і 14 травня 1948 року відновивши державність.

І візьму вас із тих народів, і позбираю вас зо всіх країв, і приведу вас до вашої землі (Езекиїл 36:24).

І ви будете сидіти в Краю, якого Я дав вашим батькам, і будете Мені народом, а Я буду вам Богом! (Езекиїл 36:28).

Як вже було передбачено в Старому Заповіті *«По багатьох днях ти будеш потрібний, у кінці років»* ізраїльтяни почали повертатися в Палестину і відновили державу (Езекиїл 38:8). Більше того, ставши однією з наймогутніших держав, вони знову підтвердили всьому світу свої вищі національні риси.

Бог хоче, щоб Ізраїль приготувався до повернення Ісуса

Бог хоче, щоб відновлений Ізраїль чекав і готувався до повернення Месії. Ісус прийшов на ізраїльські землі близько 2000 років тому, повністю виконав задум спасіння людей і став для них Спасителем та Месією. Коли Він вознісся на небеса, то пообіцяв повернутися, і тепер Бог хоче, щоб Його обранці з істиною вірою чекали на повернення Месії.

Коли Месія Ісус Христос знову прийде, Він не народиться в бідній стаєнці і не буде страждати хресну кару, так як це було дві тисячі років тому. Натомість, Христос з'явиться на чолі сил небесних та янголів і повернеться в цей світ як Цар над царями і Пан над панами в славі Божій, щоб весь світ це побачив.

> *Ото Він із хмарами йде, і побачить Його кожне око, і ті, що Його прокололи були, і всі племена землі будуть плакати за Ним. Так, амінь!* (Одкровення 1:7).

Коли прийде призначений час, всі люди, як віруючі так і невіруючі, побачать повернення Господа в повітрі. Того дня ті, хто вірять в Ісуса як Спасителя всього людства, піднімуться на хмари і візьмуть участь у шлюбному бенкеті у повітрі, а інші залишаться і ридатимуть.

Так само як Бог створив першого чоловіка Адама і почав культивування людства, звичайно цьому прийде кінець. Так як фермер сіє насіння і збирає урожай, так само прийде час збирати плоди культивування людства. Культивування людей Богом завершиться з Другим приходом Месії Ісуса Христа.

Ісус каже нам в Одкровенні 22:7: *«Ото, незабаром приходжу. Блаженний, хто зберігає пророчі слова цієї книги!»* Наш час це останні дні перед кінцем світу. Зі Своєю величезною любов'ю до Ізраїлю впродовж всієї його історії

Бог продовжує просвітлювати Своїх людей, так щоб вони могли прийняти Месію. Всевишній щиро хоче, щоб не тільки Його обранці ізраїльтяни, а й усі люди прийняли Ісуса Христа перед кінцем культивування людства.

Єврейська Біблія, яку християни називають Старим Заповітом

Розділ 3

Бог, в Якого вірить Ізраїль

Закон і звичай

В той час, коли Бог вів Свій вибраний народ ізраїльтян з Єгипту до обіцяної землі Ханаан, Він зупинився на вершині гори Сінай. Тоді ГОСПОДЬ прикликав до Себе Мойсея, керівника Виходу ізраїльтян з Єгипту, і сказав йому, що священики повинні освятитися, коли вони наближаються до Бога. До того ж, через Мойсея Бог дав людям Десть заповідей і багато інших законів.

Коли Мойсей переповів слова Бога-Єгови і Його закони людям, вони всі в один голос відповіли: *«Усе, про що говорив Господь, зробимо!»* (Вихід 24:3) Але в той час, коли Мойсей був на горі Сінай відповідно до поклику Бога, люди змусили Арона зробити статую теля і вчинили великий гріх ідолопоклонства.

Як так може бути, щоб Божий обраний народ вчинив такий великий гріх? Всі люди з часу Адама, який вчинив гріх непокори, є його нащадками, і всі народилися з грішною природою. Вони чинили гріхи перед тим, як стали освяченими через обрізання серця. Ось чому Бог послав Свого єдиного Сина Ісуса і через розп'яття Ісуса Він відкрив браму, через яку людям можуть бути прощені всі їхні гріхи.

Для чого тоді Бог дав людям Закон? Десять заповідей, які Бог дав їм через Мойсея, обряди та настанови називають Законом.

З допомогою Закону Бог веде їх до землі, де тече молоко і мед

Під час виходу з Єгипту Бог дав ізраїльтянам Закон для того, щоб вони користувалися благословенням, з допомогою якого могли ввійти в Ханаанську землю, де тече молоко і мед. Люди отримали Закон прямо від Мойсея, але вони не дотримувалися умов угоди з Богом і чинили багато гріхів, включаючи ідолопоклонство і перелюб. В кінці кінців більшість з них померли під час сорока років життя в пустелі.

В книзі Второзаконня були записані останні слова Мойсея і вона заглиблюється в угоду з Богом і закони. Коли більшість людей першого покоління Виходу, крім Ісуса і Калеба, померли, і прийшов час щоб Мойсей покинув ізраїльтян, він наполегливо переконував друге і третє покоління Виходу любити Бога і коритися Його наказам.

А тепер, Ізраїлю, чого жадає від тебе ГОСПОДЬ, Бог твій? Тільки того, щоб боятися ГОСПОДА, Бога твого, ходити всіма Його дорогами, і любити Його, і служити Господеві, Богу твоєму, усім серцем своїм і всією душею своєю, виконувати заповіді ГОСПОДА та постанови Його, що я наказую тобі сьогодні, щоб було тобі добре. (Второзаконня 10:12-13).

Бог дав їм Закон тому, що Він хотів, щоб вони охоче підкорялися Йому від всього їхнього серця і підтвердили свою любов до Бога через покірність. Він не дав їм Закон, щоб заборонити щось чи обмежити їх, але хотів прийняти їхні покірні серця і поблагословити їх.

І будуть ці слова, що Я сьогодні наказую, на серці твоїм. І пильно навчиш цього синів своїх, і будеш говорити про них, як сидітимеш удома, і як ходитимеш дорогою, і коли ти лежатимеш, і коли ти вставатимеш. І прив'яжеш їх на ознаку на руку свою, і будуть вони пов'язкою між очима твоїми. І напишеш їх на бічних одвірках дому свого та на брамах своїх (Второзаконня 6:6-9).

Через ці вірші Бог сказав їм як нести Закон в їхніх серцях, навчати його і втілювати в життя. Через віки ізраїльтяни все ще пам'ятають накази і закони Божі, записані в П'ятій книзі Мойсеєвій, і зберігають їх, але акцент на дотриманні Закону змістився у зовнішню сферу.

Закон і звичай старших

До прикладу, Закон постановляв дотримуватися святого дня відпочинку (у євреїв це субота прим. перекл.). І старші упорядкували багато детальних традицій, які можуть допомогти дотримуватися цієї заповіді, наприклад заборонити їм використовувати автоматичні двері, ліфти та підйомні сходи, також відкривати ділові листи, листівки та інші посилки. Як відбулося становлення звичаїв старших?

Коли Храм Божий був зруйнований та ізраїльтяни потрапили у вавилонський полон, то думали, що це сталося через те, що вони не змогли служити Богові всім своїм серцем. Їм треба було краще служити Богові і застосовувати Закон в ситуаціях, які з плином часу змінюються. Тому старші впровадили жорсткіші настанови.

Вони були встановлені, щоб від усього серця служити Богові. Іншими словами, ізраїльтяни впровадили багато жорстких правил, які докладно регулювали кожен бік життя, щоб могли дотримуватися Закону в повсякденному житті.

Деколи жорсткі настанови захищали Закон. Але з часом вони втратили справжнє значення, закарбоване в Законі, і більше уваги стали приділяти зовнішньому вираженню його дотримання. Таким чином вони відхилилися від справжнього значення Закону.

Бог бачить і приймає любов кожної людини, яка справді дотримується Закону, а не приділяє більшу вагу зовнішньому вираженню його дотримання за допомогою своїх дій. Тому Він встановив Закон щоб знайти тих, хто справді шанують Його, і благословляє тих, хто Йому підкоряються. Хоча багато людей в часи Старого Заповіту дотримувалися Закону, в той же час було багато таких, хто його порушував.

Нехай хто серед вас замкне двері святині, і не буде надармо освічувати Мого жертівника! Я не маю вподоби до вас, говорить Господь Саваот, і з ваших рук не вподобаю дару! (Малахія 1:10)

Коли вчителі Закону і старші зводили наклеп на Ісуса і засудили Його апостолів, це сталося не через те, що Христос і Його учні не дотримувалися Закону, а тому що вони порушували звичай старших. Це добре описано в Євангелії від Матвія.

Чого Твої учні ламають передання старших? Бо не миють вони своїх рук, коли хліб споживають (Матвій 15:2).

В той час Ісус розповів їм, що це не порушувало заповідей Божих, а натомість суперечило настановам старших.

Звичайно, важливо дотримуватися Закону зовнішньо в діях, але ще важливіше усвідомити істинну волю Божу, яка закарбована в ньому.

Ісус відповів і сказав їм:

> *А чого й ви порушуєте Божу заповідь ради передання вашого? Бо Бог заповів: Шануй батька та матір, та: Хто злоричить на батька чи матір, хай смертю помре. А ви кажете: Коли скаже хто батьку чи матері: Те, чим би ви скористатись від мене хотіли, то дар Богові, то може вже й не шанувати той батька свого або матір свою. Так ви ради передання вашого знівечили Боже Слово* (Матвій 15:3-6).

В наступних віршах Христос говорить:

> *Лицеміри! Про вас добре Ісая пророкував був, говорячи: Оці люди устами шанують Мене, серце ж їхнє далеко від Мене! Та однак надаремне шанують Мене, бо навчають наук людських заповідей...* (Матвій 15:7-9).

Після того, як Спаситель покликав натовп до Себе, він сказав їм:

І Він покликав народ, і промовив до нього: Послухайте та зрозумійте! Не те, що входить до уст, людину сквернить, але те, що виходить із уст, те людину сквернить (Матвій 15:10-11).

Діти Божі повинні шанувати своїх батьків, як записано в Десяти заповідях. Але фарисеї вчили людей, що діти, які мають служити і шанувати своїх батьків з їхніми пожитками можуть бути звільнені від обов'язку, якщо вони оголосять, що їхні надбання стануть жертвою Богу. Вони створили стільки настанов, які так детально регулювали кожну хвилину життя, що погани навіть не могли наважитися жорстко дотримуватися всіх звичаїв старших. Євреї думали, що оскільки вони Божий обраний народ, то будуть жити без турбот.

Бог, в Якого вірить Ізраїль

Коли Ісус зцілив багатьох хворих в святий день, фарисеї звинуватили Його а порушенні Закону. Одного дня Він ввійшов в синагогу і спостерігав за чоловіком, який стояв перед фарисеями, і який мав зсохлі руки. Ісус хотів пробудити їх і запитав, кажучи:

У суботу годиться робити добре, чи робити лихе, життя зберегти, чи погубити? (Марко 3:4).

Чи знайдеться між вами людина, яка, одну мавши вівцю, не піде по неї, і не врятує її, як вона впаде в яму в суботу? А скільки ж людина вартніша за тую овечку! Тому можна чинити добро й у суботу! (Матвій 12:11-12)

Але фарисеї вже знаходилися в рамках Закону, сформованого в межах звичаю старших і самонаправлених думок і способу життя, тому вони не змогли пізнати не тільки справжню волю Божу, закарбовану в Законі, а й Ісуса, Який прийшов на землю як Спаситель.

Ісус часто вказував їм і спонукав розкаятися і відвернутися від гріхів. Він дорікав їм, тому що вони відкинули істинну ціль Божу заради Закону, який Він їм дав, змінили і зовнішньо його додержувалися.

Горе вам, книжники та фарисеї, лицеміри, що даєте десятину із м'яти, і ганусу й кмину, але найважливіше в Законі покинули: суд, милосердя та віру; це треба робити, і того не кидати (Матвій 23:23).

Горе вам, книжники та фарисеї, лицеміри, що чистите зовнішність кухля та миски, а всередині повні вони здирства й кривди! (Матвій 23:25)

Ізраїльтяни, які перебували під контролем Римської імперії, в думках змалювали, що Месія прийде до них з великою силою і величчю, зможе звільнити їх від гнобителів, правитиме над всіма народами земними.

Тим часом в теслі народився хлопчик; він проводив час з розпусниками, хворими і грішниками; і називав Бога Отцем, засвідчив, що Він це світло для світу. Коли Ісус докорив їм за гріхи їхні, ті, хто дотримувалися Закону відповідно до власного розуміння і оголошували себе праведними, були пронизані аж до глибини серця і вражені його словами і вони без причини розіп'яли його.

Бог хоче, що ми мали любов і прощення

Фарисеї точно дотримувалися настанов іудаїзму і вважали довгі роки дотримання звичаїв та традиції такими цінними як і їхні життя. Вони погрожували збирачам податків, які працювали на Римську імперію, ніби ті були грішниками і уникали їх.

В Євангелії від Матвія 9:10 говориться, що Ісус був при столі в домі митника Матвія, і багато збирачів податків і грішників обідали разом з Ним та Його апостолами. Коли фарисеї побачили це, вони запитали учнів Ісуса: «Нащо Учитель ваш їсть і п'є з митниками і з грішниками?» Коли Христос почув, що вони обвинувачують Його учнів, то пояснив їм про любов Божу. Бог дає Свою невичерпну любов і ласку будь-кому, хто розкається в своїх гріхах від усього свого серця і відвертається від них.

В Євангелії від Матвія 9:12-13 продовжується думка: *«А Він це почув та й сказав: Лікаря не потребують здорові, а слабі! Ідіть же, і навчіться, що то є: Милости хочу, а не жертви. Бо Я не прийшов кликати праведних, але грішників до покаяння.»*

Коли злість мешканців Ніневії досягнула небес, Бог хотів знищити це місто. Але перед тим як це зробити, Він послав Свого пророка Івана, щоб дати їм можливість розкаятися у своїх гріхах. Люди постили і повністю розкаялися в своїх гріха і Бог відмовився від рішення знищити їх. Проте, фарисеї навчали, що для кожного, хто порушує Закон, не має іншого вибору, тільки суд. Найважливішою частиною Закону є невичерпна любов і прощення, але фарисеї думали, що правильніше і корисніше судити когось, аніж з любов'ю простити.

Так само, коли ми не розуміємо любов Божу, Який дав нам Закон, то змушені судити все відповідно до наших думок та уявлень, і ці судження є неправильними і безбожними.

Чому насправді Бог дав Закон

Бог створив небо і землю і все що там є, і створив людину, для того щоб отримати справжніх дітей, які мають таку ж любов, як і Він. З цією метою Бог сказав Своїм людям *«освячувати себе і бути святими, тому що Я святий»* (Левіт 11:44). Він хоче, щоб ми зовнішньо боялися Його, коли чинимо неправдиво, і ставали безневинними, відкидаючи всяке зло зі свого серця.

В часи Ісуса фарисеї та книжники були більше зацікавлені у жертвоприношенні та інших діях по дотриманні Закону, аніж в освяченні своїх сердець. Бог більше тішиться розбитим серцем і тим, що кається, аніж освяченим (Псалми 51:16-17), тому Він дав нам Закон щоб ми з його допомогою мали можливість розкаятися в своїх гріхах і відвернутися від них.

Справжня Божа воля, закарбована в Законі Старого заповіту

Те, що ізраїльтяни зовнішніми діями дотримуються Закону не означає, що ці дії взагалі не містять любові до Бога. Але єдине, чого Бог хотів від Своїх обранців, це очищення серця від гріхів. І тому Він докоряв їм через пророка Ісаю.

Нащо Мені многота ваших жертов? говорить ГОСПОДЬ. Наситився Я цілопаленнями баранів і жиром ситих телят, а крови биків та овець і козлів не жадаю! Як приходите ви, щоб явитися перед обличчям Моїм, хто жадає того з руки вашої, щоб топтали подвір'я Мої? Не приносьте ви більше марнотного дару, ваше кадило огида для Мене воно; новомісяччя та ті суботи і скликання зборів, не можу знести Я марноти цієї! (Ісая 1:11-13).

Насправді дотримання Закону не включає зовнішні дії, а містить в собі внутрішню готовність. Тому Бог не втішається численними пожертвами, які приносилися тільки звичаєво та зовнішньо, коли люди входили на святе подвір'я. Не залежно від того скільки вони приносили жертв відповідно до Закону, Бог не втішається ними, тому що їхні серця не слухалися волі Божої.

Так само і з молитвами. В наших молитвах, тільки сама дія молитви не важлива, єдине, що має значення, це внутрішній стан наших сердець. Псалміст говорить в Псалмі 66:18: *«Коли б беззаконня я бачив у серці своїм, то ГОСПОДЬ не почув би мене.»*

Через Ісуса Бог дає людям зрозуміти, що Він не

тішиться лицемірними чи показовими молитвами, а тільки задовольняється щирими молитвами від усього серця.

А як молитеся, то не будьте, як ті лицеміри, що люблять ставати й молитися по синагогах та на перехрестях, щоб їх бачили люди. Поправді кажу вам: вони мають уже нагороду свою! А ти, коли молишся, увійди до своєї комірчини, зачини свої двері, і помолися Отцеві своєму, що в таїні; а Отець твій, що бачить таємне, віддасть тобі явно (Матвій 6:5-6).

Так само стається, коли ми розкаюємося в своїх гріхах. Під час цього Бог не хоче щоб рвали на собі одяг і стогнали у конвульсіях, а відкрили своє серце і щиро розкаялися у своїх гріхах. Сама дія каяття не важлива, але коли ми розкаюємося в своїх гріхах від всього серця і відвертаємося від них, Бог приймає каяття.

Тому то тепер промовляє ГОСПОДЬ: Верніться до Мене всім серцем своїм, і постом святим, і плачем та риданням! І деріть своє серце, а не свою одіж, і наверніться до Господа, вашого Бога, бо ласкавий Він та милосердний, довготерпеливий та многомилостивий, і жалкує за зло! (Йоіл 2:12-13).

Іншими словами, Бог хоче прийняти серце, яке виконує

Закон, а не саму дію його дотримання. В Біблії це описується як «обрізання серця». Ми можемо зробити обрізання нашого тіла, відрізавши крайню плоть, в той час як можемо обрізати шкіру з серця через обрізання сердець.

Обрізання серця, яке хоче Бог

Тоді що саме означає обрізання серця? Це означає «відрізання і викидання з серця всякого зла і гріхів, включаючи заздрість, ревнощі, нестриманість, погані почуття, перелюб, брехню, обман та осуд.» Коли ви відрізаєте гріхи і зло з серця і дотримуєтеся Закону, Бог приймає це як бездоганний послух.

> *Пообрізуйтеся Господеві, й усуньте із ваших сердець крайні плоті, юдеї та мешканці Єрусалиму, щоб не вийшла, немов той огонь, Моя лютість, і буде палати вона, і не буде кому погасити через злі ваші вчинки!* (Єремії 4:4).

> *І ви обріжете крайню плоть свого серця, а шиї своєї не зробите більше твердою* (Второзаконня 10:16).

> *Єгипет та Юду, й Едома та Аммонових синів, і Моава та всіх, хто волосся довкола стриже, хто сидить на пустині, бо всі оці люди необрізані, а*

ввесь дім Ізраїлів необрізаносердий! (Єремії 9:26)

І обріже Господь, Бог твій, серце твоє та серце насіння твого, щоб ти любив Господа, Бога свого, усім своїм серцем та всією душею своєю, щоб жити тобі (Второзаконня 30:6).

Тому Старий заповіт часто закликає нас обрізати серця, тому що тільки ті люди, які мають обрізані серця, можуть любити Бога всім своїм серцем і всією своєю душею.

Бог хоче, щоб Його діти були святими і бездоганними. В книзі Буття 17:1 Він сказав Аврааму «бути бездоганним», а в книзі Левит 19:2 наказав ізраїльтянам «бути святими».

В Євангелії від Івана 10:35 говориться: *«Коли тих Він богами назвав, що до них слово Боже було, а Писання не може порушене бути»*, а в Другому посланні апостола Петра 1:4 написано: *«Через них даровані нам цінні та великі обітниці, щоб ними ви стали учасниками Божої Істоти, утікаючи від пожадливого світового тління.»*

В часи Старого заповіту люди отримували спасіння за допомогою зовнішніх дій дотримання Закону, в той час як в новозавітні часи ми можемо бути врятовані через віру в Ісуса Христа, Який з любов'ю виконував Закон.

Спасіння через дії в старозавітних часах було можливим, коли люди мали гріховні бажання вбити, ненавидіти, чинити перелюб і брехати, але не втілювали це в діях. В цей час Святий Дух не сходив на них і вони не могли самі відкинути гріховні бажання. Тому, коли люди не грішили зовнішньо діями, то вони не вважалися грішниками.

Однак, в часи Нового заповіту, ми можемо отримати спасіння тільки коли вірою обрізаємо свої серця. Святий Дух попереджає нас про гріх, праведність і суд, і допомагає жити за Словом Божим, тому ми можемо відкинути неправдиву і гріховну природу і обрізати наші серця.

Спасіння через віру в Ісуса Христа не досягається просто коли ми знаємо і віримо, що Ісус Христос є Спасителем. Тільки коли ми відкидаємо всяке зло з нашого серця, тому що любимо Бога і вірно живемо в правді, Він буде вважати це істиною вірою і проведе нас не тільки до повного спасіння, а й до дивовижних відповідей та благословення.

Як задовольнити Бога

Природно, що дитина Божа не повинна чинити гріх своїми діями. Також для неї нормально відкинути неправдиві та гріховні бажання серця і прийняти Божу святість. Якщо ви діями не грішите, але маєте гріховні бажання, які не є приємними Богу, то Він не може вважати вас праведником.

Тому в Євангелії від Матвія 5:27-28 написано: *«Ви чули, що сказано: Не чини перелюбу. А Я вам кажу, що кожен, хто на жінку подивиться із пожадливістю, той уже* вчинив із нею перелюб у серці своїм.»

А в Першому посланні апостола Івана 3:15 сказано: *«Кожен, хто ненавидить брата свого, той душогуб. А ви знаєте, що жаден душогуб не має вічного життя, що в нім перебувало б.»* Цей вірш спонукає нас позбутися ненависті зі свого серця.

Як ви маєте ставитися до своїх ворогів, які ненавидять вас, відповідно до волі Божої?

Закон Старого заповіту каже нам: «Око за око [і] зуб за зуб.» Іншими словами закон говорить: «Яку ваду зробить хто кому, така буде зроблена йому.» Так було встановлено за допомогою жорстких настанов для того, щоб одні люди не завдавали шкоди іншим. Бог знає, що у своїй гріховності людина намагається відплатити іншій більшим, ніж просто завдаючи їй удару.

Цар Давид вважався людиною, яка горить любов'ю до Бога. Коли Саул спробував його вбити, Давид не відплатив тим самим злом царю, а натомість до останнього моменту ставився до нього з добротою. Давид бачив істинне значення, закарбоване в Законі і жив тільки за Словом Божим.

Не будеш мститися, і не будеш ненавидіти синів свого народу. І будеш любити ближнього свого, як самого себе! Я ГОСПОДЬ! (Левит 19:18).

Не тішся, як ворог твій падає, а коли він спіткнеться, хай серце твоє не радіє (Приповідки 24:17).

Якщо голодує твій ворог нагодуй його хлібом, а як спрагнений він водою напій ти його (Приповідки 25:21).

Ви чули, що сказано: Люби свого ближнього, і ненавидь свого ворога. А Я вам кажу: Любіть ворогів своїх, благословляйте тих, хто вас проклинає, творіть добро тим, хто ненавидить вас, і моліться за тих, хто вас переслідує, (Матвій 5:43-44).

Відповідно до цих віршів, якщо ви дотримуєтеся Закону, але не прощаєте людині, яка завдає вам турбот, Бог не задоволений вами. Це тому що Він сказав вам любити своїх ворогів. Коли ви дотримуєтеся Закону і робите це з любов'ю, яку Бог хоче щоб ви мали, то можете вважати, що повністю підкоряєтеся Слову Божому.

Закон – знамення Божої любові

Люблячий Бог хоче дати нам безкінечне благословення, але через те, що Він є також справедливим Богом, то Він немає вибору як віддати нас дияволу, коли грішимо. Тому деякі віруючі страждають від хвороб і з ними трапляються нещасні випадки і лиха, коли вони не живуть за Словом Божим.

Бог дав нам багато наказів зі Своєю любов'ю, щоб захистити нас від цих випробувань та страждань. Скільки настанов батьки дають дітям, щоб вберегти їх від хвороб та нещасних випадків?

«Мий руки, коли повертаєшся до дому.»
«Чисть зуби після їжі.»
«Подивися в обидва боки, коли переходиш дорогу.»

Так само Бог сказав дотримуватися Його заповідей і настанов щоб нам було добре (Второзаконня 10:13). Дотримування і втілення Слова Божого це ніби світило в нашій життєвій подорожі. Неважливо як темно навкруги, ми можемо безпечно йти шляхом до нашого призначення зі світилом. І окрім того, коли Бог, Який є світлом, перебуває з нами, можемо бути захищеними і користуватися перевагою та благословенням дітей Божих.

Яким задоволеним є Бог, коли Він захищає Своїх дітей, які гаряче слухаються Його слова, і дає їм те, чого вони просять! Відповідно ці діти можуть зробити свої серця чистими та добрими і нагадувати Бога, так само як і дотримуватися та підкорятися Слову Божому, і відчути глибину Божої любові, тоді вони зможуть Його любити навіть ще більше.

Тому Закон, який Бог дав нам, це ніби підручник любові, який вказує напрямок до найкращого благословення для нас, хто перебуває в процесі Божого культивування на землі. Закон Божий не обтяжує нас, а тільки захищає від всяких бід у цьому світі, яким править диявол та Сатана, і він веде нас до шляху благословення.

Ісус з любов'ю виконує Закон

У книзі Второзаконня 19:19-21 ми можемо знайти, що в часи Старого заповіту коли люди грішили своїми очима, то їх треба було вибрати. Коли вони грішили своїми руками чи ногами, то їх ноги чи руки треба було відрізати. Коли вони вбивали і чинили перелюб, то мали бути каменовані до смерті.

Закон духовного царства говорить нам, що відплатою за гріхи є смерть. Тому Бог тяжко карав тих, хто чинив непростимі гріхи і тому Він хотів попередити багатьох інших людей не чинити ті самі гріхи.

Але люблячий Бог не був повністю задоволений вірою, з якою вони дотримувалися Закону і сказав: «Око за око і зуб за зуб.» Натомість Він знову і знову наголошував в Старому заповіті, що вони повинні обрізати свої серця. Бог не хотів, щоб Його люди страждали через Закон, тому коли настав час, Він послав Ісуса на землю і дозволив Його взяти на Себе всі гріхи людства і з любов'ю виконати Закон.

Без розп'яття Ісуса, ми б мали відрізати свої руки і ноги коли грішимо ними. Але Ісус ніс хрест і пролив Свою безцінну кров, коли Його руки і ноги прибили цвяхами, щоб змити всі наші гріхи, які ми вчинили своїми руками і ногами. Зараз через велику любов Божу ми не повинні відрізати наші ноги і руки.

Ісус, Який є одним цілим з люблячим Богом, зійшов на землю і з любов'ю виконав Закон. Він жив, взірцево виконуючи всі закони Божі.

Проте, навіть якщо Ісус повністю дотримувався Закону, Він не засуджував тих, хто не могли цього зробити кажучи: «Ви порушили закон і перебуваєте на смертному шляху.» Натомість, Він денно і ночно навчав людей правді, щоб навіть ще одна найменша душа могла розкаятися в своїх гріхах і отримати спасіння. Ісус без перепочинку працював, зцілював і звільняв тих, хто був хворий, недужий чи ким володіли злі духи.

Любов Ісуса яскраво виявилася, коли книжники і фарисеї забрали і привели до Ісуса жінку, яку спіймали на перелюбі. У 8 розділі Євангелії від Івана книжники і фарисеї привели жінку до Нього і запитали: *«Мойсей же в Законі звелів нам таких побивати камінням. А Ти що говориш?»* (вірш 5). Ісус тоді відповів кажучи: *«Хто з вас без гріха, нехай перший на неї той каменем кине!»* (вірш 7).

Запитавши це книжників, Він хотів пробудити їх,

щоб вони зрозуміли що не тільки жінка а й вони самі, які звинувачували її у перелюбі і хотіли знайти мотив, щоб звинуватити Ісуса, були такими самими грішниками перед Богом і що ніхто не може засуджувати інших. Коли люди це почули, їхня совість переконала їх і один за одним вони вийшли, починаючи від старших. Тоді Ісус залишився на одинці з жінкою, яка стояла посередині.

Навколо не було людей крім неї, і сказав її: *«Де ж ті, жінко, що тебе оскаржували? Чи ніхто тебе не засудив?»* (вірш 10) – Вона відповіла: *«Ніхто, Господе!»* Тоді Ісус сказав їй: *«Не засуджую й Я тебе. Іди собі, але більш не гріши!»* (вірш 11).

Коли жінку привели і їй був відпущений непростимий гріх, то її почав гнітити великий страх. Тому, коли Ісус простив її, ви можете собі уявити скільки сліз вона пролила в своїх переживаннях та вдячності! В будь-який час коли вона згадує це прощення і любов Ісуса, то вже не наважується знову порушити Закон чи вчини гріха. Це стало можливим, тому що жінка зустріла Ісуса, Який з любов'ю виконував Закон.

Ісус з любов'ю виповнив Закон не тільки для цієї жінки, а й для всіх людей. Він взагалі не пожалів Свого життя, а присвятив його грішникам на хресті, так як батьки, не жаліють своїх життів, щоб врятувати потопаючих дітей.

Ісус був безневинним і бездоганним, єдиним народженим Сином Божим, але Він ніс всі величезні муки, полив всю

Свою кров і воду і поклав Своє життя на хресті заради грішників. Його розп'яття було найзворушливішим моментом виконання величезної любові впродовж історії людства.

Коли Його любов сходить на нас, ми отримуємо силу, щоб повністю дотримуватися Закону, і могли виконувати його з любов'ю, так само як це робив Ісус. Якщо б Ісус не виконав Закон з любов'ю, а натомість судив і засуджував всіх з його допомогою і відвернувся від грішників, скільки тоді врятувалося б? Як записано в Біблії: *«Немає праведного жодного»* (до Римлян 3:10), ніхто не може бути врятований.

Тому Божі діти, яким простилися гріхи їхні за допомогою великої любові Божої повинні не тільки любити Його, покірно дотримуючись Його наказів, а й любити ближніх своїх як самих себе, служити та прощати їм.

Ті, хто засуджують і звинувачують інших, використовуючи Закон

Ісус з любов'ю виповнив Закон і став Спасителем всього людства, але що зробили фарисеї, книжники і первосвященики? Вони наполягали на виконанні Закону через зовнішні дії, а не освячуванні сердець, як цього хотів Бог, і думали, що повністю дотримуються Закону. До того ж, ці люди не прощали тим, хто не дотримувався Закону, а засуджували і звинувачували їх.

Але наш Бог ніколи не хоче засуджувати і звинувачувати інших без милосердя і любові. Він також не бажає, щоб ви страждали при дотриманні Закону, не зазнаючи Божої любові. Якщо ми дотримуємося Закону, але не можемо пізнати любов Божу і робити це з любов'ю в своєму серці, то буде нам з цього користі.

> *Коли маю дара пророкувати, і знаю всі таємниці й усе знання, і коли маю всю віру, щоб навіть гори переставляти, та любови не маю, то я ніщо! І коли я роздам усі маєтки свої, і коли я віддам своє тіло на спалення, та любови не маю, то пожитку не матиму жадного!* (1 до Коринтян 13:2-3)

Бог є любов і Він радується і благословляє нас, коли ми чинимо щось з любов'ю. В часи Ісуса фарисеї не зуміли виплекати в своїх серцях любов, коли вони зовнішньо діями дотримувалися Закону, і тому не мали з цього користі. Вони засуджували і звинувачували інших використовуючи своє знання Закону, і тому залишалися віддаленими від Бога, що виявилося в тому, що ці люди розіп'яли Сина Божого.

Коли ви розумієте справжню волю Божу, закарбовану в Законі

Навіть в старозавітні часи були великі прабатьки віри, які розуміли справжню волю Божу, викладену в Законі. Батьки віри, включаючи Авраама, Йосипа, Мойсея, Давида та Іллю не тільки дотримувалися Закону, а й намагалися зробити все можливе, щоб стати справжніми дітьми Божими, старанно обрізаючи свої серця.

Проте, коли Ісус був посланий Богом як Месія, щоб повідати євреям про Бога Авраама, Бога Ісаака і Бога Якова, вони не змогли Його впізнати. Це сталося тому, що вони були сліпими в межах звичаю старших і дій, з допомогою яких дотримуватися Закону.

Щоб засвідчити, що Він Син Божий, Ісус творив надзвичайні дива і чудові знамення, які можливо було здійснити тільки силою Божою. Але навіть так вони не могли ні визнати Ісуса, ні прийняти Його як Месію.

Але ті євреї, які мали добре серце, так не поводилися. Коли вони слухали послання Ісуса, то вірили в Нього і коли бачили чудові знамення, які Він показував, то вірили, що Бог був з Ним. В третьому розділі Євангелія від Івана фарисей Нікодим прийшов до Ісуса одної ночі і сказав Йому:

Учителю, знаємо ми, що прийшов Ти від Бога, як Учитель, бо не може ніхто таких чуд учинити, які чиниш Ти, коли Бог із ним не буде (Івана 3:2).

Люблячий Бог чекає на відновлення Ізраїлю

Чому тоді більшість євреїв не змогли визнати Ісуса, Який прийшов на землю як Спаситель? Вони самі створили межі Закону, вірячи, що таким чином любили та служили Богові і не хотіли прийняти те, що було поза їх межами.

До того часу як Павло зустрів Господа Ісуса, він твердо вірив в те, що дотримуватися Закону і звичаю старших означає любити і служити Богові. Тому він не хотів приймати Ісуса як Спасителя, а натомість переслідував Христа та Його віруючих. Після того, як Павло зустрів воскреслого Господа Ісуса на шляху в Дамаск, рамки його уявлень були повністю зруйновані і він став апостолом Господа Ісуса Христа. З того часу і надалі Павло навіть був готовий віддати своє життя за Господа.

Це бажання дотримуватися Закону складає внутрішню суть євреїв і це сильна сторона Божих обранців ізраїльтян. Тому як тільки вони зрозуміють справжню волю Божу, закарбовану в Законі, то зможуть любити Бога більше за інших людей чи народів, і бути Йому вірними все своє життя.

Коли Бог вивів ізраїльтян з Єгипту, через Мойсея Він дав їм закони та настанови, і сказав чого справді хотів, щоб вони виконували. Він пообіцяв їм, що якщо будуть любити

Бога, обріжуть свої серця і житимуть у відповідності з Його волею, то Він буде з ними і нагородить їх чудовими благословеннями.

> *І ти навернешся до ГОСПОДА, Бога свого, і будеш слухатися Його голосу в усьому, що я сьогодні тобі наказую, ти та сини твої, усім своїм серцем та всією своєю душею, то поверне з неволі ГОСПОДЬ, Бог твій, тебе, і змилосердиться над тобою, і знову позбирає тебе зо всіх народів, куди розпорошив тебе ГОСПОДЬ, Бог твій. Якщо буде твій вигнанець на кінці неба, то й звідти позбирає тебе ГОСПОДЬ, Бог твій, і звідти Він візьме тебе. І введе тебе ГОСПОДЬ, Бог твій, до Краю, що посіли батьки твої, і ти посядеш його, і Він учинить добро тобі, і розмножить тебе більше за батьків твоїх. І обріже ГОСПОДЬ, Бог твій, серце твоє та серце насіння твого, щоб ти любив ГОСПОДА, Бога свого, усім своїм серцем та всією душею своєю, щоб жити тобі. І дасть ГОСПОДЬ, Бог твій, усі ці прокляття на ворогів твоїх, та на тих, хто ненавидить тебе, хто гнав тебе. А ти вернешся, і будеш слухатися ГОСПОДНЬОГО голосу, і будеш виконувати всі Його заповіді, які я сьогодні наказую тобі (Второзаконня 30:2-8).*

Як Бог пообіцяв Своєму обраному народові ізраїльтянам

в цих віршах, Він зібрав Свій народ, який був розкиданий по всьому світу і дозволив їм відновити їхню країну за декілька тисяч років і підніс їх над всіма народами на землі. Незважаючи на це, ізраїльтяни не змогли пізнати Божу велику любов через розп'яття і Його чудовий задум створення і культивування людей, а все ще виконують певні обряди і дії при дотриманні Закону і звичаїв старших.

Люблячий Бог палко бажає і чекає, щоб вони якнайшвидше відмовилися від своєї перекрученої віри, змінилися і стали справжніми дітьми. Перш за все, ізраїльтяни повинні відкрити свої серця і прийняти Ісуса, Якого послав Бог як Спасителя всіх людей і отримати прощення їхніх гріхів. Далі, мають зрозуміти справжню волю Божу, дану через Закон і здобути істинну віру, старанно дотримуючись Слова Божого через обрізання своїх сердець, щоб отримати повне спасіння.

Я щиро молюся, щоб ізраїльтяни відновили втрачений образ Божий через віру, приємну Богові, і стали Його справжніми дітьми, щоб мати змогу користуватися всіма благословеннями, обіцяними Богом і жити в славі вічних небес.

Купол Скали, ісламська мечеть, розташована у втраченому святому місті Єрусалим

Розділ 4

Дивіться і слухайте!

Наближення кінця світу

Біблія зрозуміло пояснює нам про початок історії людства і її кінець. Декілька тисяч років тому через Біблію Бог розповів про історію Його культивування людей. Вона розпочалася зі створення Адама, першої людини на землі, і закінчиться Другим Приходом Господа в повітрі.

Який зараз час на Божому годиннику історії культивування людей? І скільки ще днів і годин залишилося до того, як годинник проб'є останні хвилини культивування людей? Давайте заглибимося в те, як Бог задумав і якою є Його воля для того, щоб привести ізраїльтян до шляху спасіння.

Виконання біблійних пророцтв в ході людської історії

В Біблії міститься багато пророцтв, і всі вони є словами Всемогутнього Бога Творця. Як сказано в книзі Ісаї 55:11: *«Так буде і Слово Моє, що виходить із уст Моїх: порожнім до Мене воно не вертається, але зробить, що Я пожадав, і буде мати поводження в тому, на що Я його посилав!»*, до цього часу Божі слова точно виконувалися і кожне слово ще буде виповнене в майбутньому.

Історія Ізраїлю явно підтверджує, що біблійні пророцтва були точно виконані без найменшої помилки. Ізраїльська історія успішно здійснилася відповідно до пророцтв, записаних в Біблії: 400 років рабства в Єгипті і Вихід; вхід в землю Ханаан, де тече молоко і мед; поділ царства ізраїльтян на дві частини – Ізраїль та Юдею і їхнє знищення; вавилонський полон; повернення ізраїльтян до дому; народження Месії і Його розп'яття; знищення Ізраїлю і розсіювання ізраїльтян по всій планеті, відновлення ізраїльської нації і незалежність.

Історія людства перебуває під контролем Всемогутнього Бога, і коли Він виконує щось важливе, то провіщає Божим людям про те, що має статися (Амос 3:7). Бог відкрив Ноєві, праведній та безневинній людині в свій час, що Великий потоп знищить всю землю. Він сказав Аврааму, що міста Содом і Гомора будуть зруйновані, і відкрив пророку Даниїлу та апостолу Івану що станеться в кінці світу.

Більшість цих пророцтв, записаних в Біблії, були точно виконані. Але ще має відбутися Другий Прихід Господа і певні події, які цьому передують.

Ознаки кінця віків

Сьогодні незалежно від того з якою серйозністю ми пояснюємо, що наші дні є кінцем часів, багато людей не хочуть в це вірити. Замість того, щоб прийняти цей факт, вони вважають дивними тих, хто говорить про кінець часу і намагаються уникати їх. Вони думають, що сонце буде сходити і заходити, люди будить народжуватися і помирати і цивілізація продовжуватиме своє існування як це завжди було в минулому.

Ось що написано в Біблії про кінець часів: *«Насамперед знайте оце, що в останні дні прийдуть із насмішками глузії, що ходитимуть за своїми пожадливостями, та й скажуть: Де обітниця Його приходу? Бо від того часу, як позасинали наші батьки, усе залишається так від початку творіння»* (2 Петра 3:3-4).

Для кожної людини, яка народжується, приходить і час щоб померти. Так само, історія людства має також кінець так як і початок. Коли час, встановлений Богом настане, все в цьому світі прийде до свого кінця.

І повстане того часу Михаїл, великий той князь, що стоїть при синах твого народу, і буде час утиску, якого не було від існування люду аж до цього часу. І того часу буде врятований із народу твого кожен, хто буде знайдений записаним у книзі. І багато-хто з тих, що сплять у земному поросі, збудяться, одні на вічне життя, а одні на наруги, на вічну гидоту. А розумні будуть сяяти, як світила небозводу, а ті, хто привів багатьох до праведности, немов зорі, навіки віків. А ти, Даниїле, заховай ці слова, і запечатай цю книгу аж до часу кінця. Багато-хто дослідять її, і так розмножиться знання (Даниїл 12:1-4).

Через пророка Даниїла Бог передвістив що станеться в кінці часів. Дехто каже, що Даниїлові пророцтва вже були виконані в минулому. Але це пророцтво буде виповнене до кінця в останні хвилини історії людства, і воно вміщує ознаки останніх днів світу, записаних в Новому заповіті.

Даниїлове пророцтво пов'язане з Другим приходом Господа. В першому вірші зазначається: *«І буде час утиску, якого не було від існування люду аж до цього часу. І того часу буде врятований із народу твого кожен, хто буде знайдений записаним у книзі.»* Тут міститься пояснення семи років Великої скорботи, що буде мати місце в кінці світу і про спасіння обраних.

В другій частині 4 вірша говориться: *«Багато-хто дослідять її, і так розмножиться знання.»* Тут пояснюється щоденне життя сучасних людей. Очевидно, що ці пророцтва Даниїла не відносяться до зруйнування Ізраїлю, яке відбулося в 70 році від Різдва Христового, а містять ознаки кінця часу.

Ісус детально розповідав Своїм апостолам про ознаки кінця віків. В Євангелії від Матвія 24 Він сказав: *«Ви ж про війни почуєте, і про воєнні чутки. І повстане* народ на народ, і царство на царство, і голод, мор та землетруси настануть місцями. Постане багато фальшивих пророків, і зведуть багатьох. І через розріст беззаконства любов багатьох охолоне.»

Яка сьогодні ситуація в світі? У випусках новин ми чуємо про війни та військові конфлікти, а рівень тероризму зростає з кожним днем. Народи ведуть війни один проти одних і царства повстають проти інших. Настав голод і землетруси. Також відбуваються інші численні природні катаклізми, спричинені незвичайними погодними умовами. Більше того, злочинність зростає і поширюється по всій земній кулі, гріхи та зло процвітають по всьому світі і любов багатьох холоне.

Таке саме записано в Другому посланні до Тимофія.

Знай же ти це, що останніми днями настануть тяжкі часи. Будуть бо люди тоді самолюбні, грошолюбні, зарозумілі, горді, богозневажники, батькам неслухняні, невдячні, непобожні, нелюбовні, запеклі, осудливі, нестримливі, жорстокі, ненависники добра, зрадники, нахабні, бундючні, що більше люблять розкоші, аніж люблять Бога, вони мають вигляд благочестя, але сили його відреклися. Відвертайсь від таких! (2 до Тимофія 3:1-5).

Сьогодні багато людей не творять добро, натомість люблять гроші та розваги. Вони шукають задоволення власної вигоди і без вагання чи докорів сумління чинять жахливі гріхи і зло, включаючи вбивства і підпали. Такі речі трапляються повсюди і подібне відбувається навколо нас, тому серця людей стали настільки закляклими, що більшість з них вже нічого не дивує. Бачачи такі речі, ми не можемо заперечити, що людська історія наближається до свого кінця.

Кінець історії Ізраїлю дає нам можливість зрозуміти ознаки Другого приходу Господа і кінця світу.

В Євангелії від Матвія 24:32-33 говориться: *«Від дерева ж фіґового навчіться прикладу: коли віття його вже розпукується, і кинеться листя, то ви знаєте, що близько вже літо. Так і ви: коли все це побачите, знайте, що близько, під дверима!»*

Тут «фігове дерево» позначає Ізраїль. Взимку дерево виглядає мертвим, але з приходом весни, воно знову пускає паростки, на ньому виростають гілочки і з'являються зелені листочки. Подібно, з часу зруйнування Ізраїлю в 70 році від Різдва Христового, ця держава ніби повністю зникла на дві тисячі років, але коли прийшов час Божого вибору, вона заявила про свою незалежність і 14 травня 1948 році було проголошено створення держави Ізраїль.

Важливішим є те, що здобуття Ізраїлем незалежності

позначає, що Другий Прихід Ісуса Христа вже дуже близько. Тому ізраїльтянам слід зрозуміти, що 2000 років тому Месія, на якого вони все ще чекають, прийшов на землю і став Спасителем всього людства, також їм слід пам'ятати, що рано чи пізно Спаситель Ісус як Суддя знову прийде на землю.

Що тоді станеться з нами, тими, хто живе в останні дні, відповідно до біблійних пророцтв?

Пришестя Господа в повітрі і вознесіння на небеса

Близько двох тисяч років тому Ісус був розіп'ятий і воскрес на третій день, розірвавши кайдани смерті. Після цього Він вознісся на небеса і багато людей були свідками Його вознесіння.

> *Та й сказали: Галілейські мужі, чого стоїте й задивляєтесь на небо? Той Ісус, що вознісся на небо від вас, прийде так, як бачили ви, як ішов Він на небо! (Діяння 1:11).*

Господь Ісус відкрив ворота спасіння для людей через Своє розп'яття і воскресіння, тоді вознісся на небеса і сидить праворуч Отця і готує небесні оселі для тих, хто є врятованими. І коли історія людства добіжить до свого кінця, Він прийде знову, щоб нас забрати. Друге пришестя добре описане в Першому посланні до солунян 4:16-17.

Сам бо Господь із наказом, при голосі Архангола та при Божій сурмі зійде з неба, і перше воскреснуть умерлі в Христі, потім ми, що живемо й зостались, будемо схоплені разом із ними на хмарах на зустріч Господню на повітрі, і так завсіди будемо з Господом.

Як велично буде виглядати коли Господь зійде з небес на хмарі слави, і Його будуть супроводжувати незліченна кількість янголів і сил небесних! Врятовані приймуть вигляд нетлінних духовних тіл і зустрінуть Господа в повітрі, і тоді святкуватимуть семирічний шлюбний бенкет разом з Господом нашим вічним нареченим.

Ті, хто є врятованими, будуть підняті в повітря і зустрінуть Господа. Цей процес називають «вознесінням на небеса[1]». Повітряне царство означає частину другого рівня небес, яку Бог приготував для семирічного шлюбного банкету.

Бог розділив духовне царство на декілька просторів, одним з яких є другі небеса. Цей рівень знову поділений на дві частини – Едем, що є світом світла, і світ темряви.

---

[1] З анг. «Rapture»-може перекладатися як вознесіння на небеса чи взяття живим на небо *(Прим. перекл.)*

В частині світу світла знаходиться особливий простір, призначений для семи років шлюбного бенкету.

Люди, які прикрасили себе вірою, щоб здобути спасіння в цьому світі, переповненому гріхів та зла, будуть підняті в повітря як наречені Господа і тоді зустрінуть Його і протягом семи років будуть насолоджуватися шлюбним бенкетом.

Радіймо та тішмося, і даймо славу Йому, бо весілля Агнця настало, і жона Його себе приготувала! І їй дано було зодягнутися в чистий та світлий вісон, бо віссон то праведність святих. І сказав він мені: Напиши: Блаженні покликані на весільну вечерю Агнця! І сказав він мені: Це правдиві Божі слова! (Одкровення 19:7-9).

Ті, хто будуть піднесені в повітря в час шлюбного бенкету з Господом утішаться за те, що переборали земне життя з вірою, в той же час як ті, які залишаться на землі, будуть зносити невимовні страждання, спричинені злими духами, які піднімуться на землю в час Другого приходу Господа в повітрі.

Сім років Великої скорботи

В той час як врятовані люди будуть насолоджуватися 7 роками шлюбного бенкету в повітрі і мріяти про щасливі та вічні небеса, суворе лихо, що не має собі рівного у всій історії людства, прийде у всі земні куточки і там будуть відбуватися жахливі речі.

Тоді як саме почнеться період семирічної Скорботи? Оскільки наш Господь повернеться в повітря і багато людей одночасно будуть забрані туди, ті, хто залишаться на землі в паніці будуть шоковані несподіваним зникненням їхньої сім'ї, друзів та сусідів, і будуть блукати, розшукуючи їх.

Скоро вони зрозуміють, що вознесіння на небеса, про яке говорили християни, насправді відбулося. Тому будуть нажахані думкою про період семирічної Великої скорботи, який настав на землі. Їх охопить велична тривога і паніка. І коли водії літаків, кораблів, поїздів, автомобілів та інших транспортних засобів будуть вознесені на небеса, трапиться велика кількість дорожніх катастроф та пожеж, будинки будуть валитися і тоді весь світ наповнить хаос та величезний безлад.

В той час з'явиться людина, яка принесе мир та прядок в усьому світі. Це лідер Європейського Союзу. Він об'єднає потуги політики, економіки та військових організацій, і за допомогою цієї з'єднаної сили буде утримувати в світі порядок і принесе мир та стабілізацію в суспільства. Тому так багато людей будуть раді його появі на світовій арені. Багато будуть захоплено вітати його, віддано підтримувати та активно допомагати йому.

Цією людиною буде антихрист, про якого згадає Біблія, і

який буде керувати семирічним періодом Великої скорботи, але певний час він буде виглядати як «посланець миру.» А насправді антихрист принесе мир і порядок людям тільки на перших етапах семирічного періоду Великої скорботи. Засіб, який він буде використовувати, щоб досягнути миру в світі це знак звіра, число '666', записане в Біблії.

> *І зробить вона, щоб усім малим і великим, багатим і вбогим, вільним і рабам було дано знамено на їхню правицю або на їхні чола, щоб ніхто не міг ані купити, ані продати, якщо він не має знамена ймення звірини, або числа ймення його... Тут мудрість! Хто має розум, нехай порахує число звірини, бо воно число людське. А число її шістсот шістдесят шість* (Одкровення 13:16-18).

Що таке знак звіра

Комп'ютер позначає диявола. Європейський Союз (ЄС) створить свої формування, користуючись перевагами комп'ютерів. З допомогою ПК ЄС кожна людина отримає штриховий код на правій руці чи на лобі. Штриховий код це знак звіра. Вся персональна інформація кожної людини буде закарбована в цьому коді, і він буде закладений в його чи її тіло. За допомогою цього коду, вмонтованого в тіло, комп'ютери ЄС зможуть детально перевіряти, спостерігати, наглядати та контролювати кожного, де б він не був і що б не робив.

Наші сучасні кредитні та ідентифікаційні картки замінять знак звіра, число 666. Тоді людям більше не буде потрібна готівка чи чеки. Їм не треба буде хвилюватися про втрату свого майна чи боятися що хтось вкраде їхні гроші. Ця перевага буде спонукати поширення за короткий період знаку звіра, числа 666 по всьому світі, і без нього ніхто не зможе бути ідентифікований, продавати чи купувати щось.

З початком семирічного періоду Великої скорботи люди отримають знак звіра, але їх не будуть змушувати до цього. Поки організація ЄС матиме авторитет їм просто порекомендують це зробити. Як тільки завершиться перша частина семирічного періоду Великої скорботи і стан організації стабілізується, тоді ЄС буде примушувати кожного отримати знак і не пробачить тих, хто відмовиться його прийняти. Тому ЄС зв'яже людей за допомогою знаку звіра і буде ними керувати відповідно до своїх бажань.

В кінці більшість людей, які залишаться під час семирічного періоду Великої скорботи, будуть знаходитися під контролем антихриста і уряду диявола. Оскільки антихрист буде контролюватися ворожим дияволом, ЄС примусить людей чинити опір Богові і приведе їх на шлях зла, неправедності, гріхів і знищення.

До речі, деякі люди не підкоряться владі антихриста.

Це ті, хто вірили в Ісуса Христа, але не змогли піднятися на небеса в час Другого приходу Господа через те, що не мали істинної віри.

Дехто з них одного разу прийняв Господа і жив в ласці Божій, але пізніше втратив ласку і повернувся в цей грішний світ, інші заявляли про свою віру в Христа і відвідували церкву, але задовольняли свої земні похоті, тому що не змогли здобути духовну віру. Ще інші тільки-но прийняли Господа Ісуса Христа і дехто з євреїв прокинулися від духовної дрімоти через вознесіння на небеса.

Коли вони стануть свідками істинності вознесіння на небеса, то зрозуміють, що всі слова як Старого так і Нового заповіту є правдивими і будуть побиватися, кидаючись до землі. Їх охопить великий страх, вони розкаються, що не жили за волею Божою і будуть намагатися знайти спосіб, щоб отримати спасіння.

> *А інший, третій Ангол летів услід за ним, гучним голосом кажучи: Коли хто вклоняється звірині та образу її, і приймає знамено на чолі своїм чи на руці своїй, то той питиме з вина Божого гніву, вина незмішаного в чаші гніву Його, і буде мучений в огні й сірці перед Анголами святими та перед Агнцем. А дим їхніх мук підійматиметься вічні віки. І не мають спокою день і ніч усі ті, хто вклоняється звірині та образу її, і приймає знамено ймення його. Тут*

терпеливість святих, що додержують заповіді Божі та Ісусову віру! (Одкровення 14:9-12).

Якщо хтось отримає знак звіра, то він буде змушений підкоритися антихристу, який опирається Богові. Тому Біблія наголошує, що той, хто має знак звіра, не може отримати спасіння. В час Великої скорботи ті, хто про це знають, намагатимуться не отримати цей знак, щоб показати доказ своєї віри.

Належність антихристу буде чітко зрозумілою. Він віднесе до категорії нечистих елементів суспільства тих, що буде чинити опір його політиці, відмовлятиметься отримати знак, і очистить від них суспільство, через те, що вони порушують громадський порядок. І він примусить їх відмовитися від Ісуса Христа і отримати знак звіра. Якщо вони чинитимуть опір, то їх будуть переслідувати та піддавати тортурам.

Спасіння, яке досягається муками через неприйняття знаку звіра

Муки, які мають терпіти ті, хто опирається отриманню мітки звіра під час семилітнього періоду Великої скорботи, є неймовірно жорстокими. Ці страждання занадто гнітючі, щоб їх зносити, тому залишаться тільки декілька, які їх подолають і отримають останню можливість на своє спасіння. Дехто з них буде казати: «Я не відмовлюся від своєї віри в Господа. Я все ще вірю в Нього всім своїм серцем. Муки такі незносимі для мене, що я відкидаю Господа тільки своїми вустами. Бог зрозуміє і врятує мене», а тоді отримає знак звіра. Але їм нема спасіння.

Декілька років назад, коли я молився, Бог показав мені видіння в якому дехто з тих, хто залишився в час Великої скорботи опиралися отриманню знаку диявола і їх катували. Дійсно це була жахлива сцена! Кати здирали шкіру, ламали гомілки на куски, відрізали пальці рук та ніг, самі руки і ноги і лили киплячу олію на їхні тіла.

В часи Другої світової війни відбувалося жахливе знищення та тортури і нацисти проводили медичні експерименти на живих тілах. Ці муки не можна прирівняти з тим, які будуть відбуватися під час семирічного періоду Великої скорботи. Після вознесіння на небеса антихрист, який є одним цілим з ворожим дияволом, буде правити над світом і ні до кого не матиме жалості чи співчуття.

Ворожий диявол і сили антихриста різними шляхами будуть переконувати людей відмовитися від Ісуса, щоб вони попали в пекло. Злі сили будуть мучити віруючих, але відразу їх не вб'ють, а робитимуть це дуже вправними методами тортур та іншими жорстокими шляхами. Всі види тортур і сучасних пристроїв катування принесуть віруючим величезну паніку та біль. Але ці жахливі тортури будуть продовжуватися.

Люди, яких катують хотіли б, щоб їх вбили, але не можуть вибрати смерть, тому що антихрист не вб'є їх так легко і вони добре знають, що самогубство ніколи не приведе до спасіння.

В цьому видінні Бог показав мені, що більшість цих людей не зможуть витерпіти біль катування і здадуться на ласку анти-Христа. Певний час здавалося, що деякі з них зносять і долають муки за допомогою своєї сильної волі, але коли люди бачили, що їхніх любих дітей чи батьків так само катують, вони відмовлялися від опору, здавалися антихристу, а потім отримували знак звіра.

Серед людей, яких мучили, досить мало тих, хто має чесне та правдиве серце, подолають ці жахливі тортури, відкинуть спокуси антихриста і помруть мученицькою смертю. Тому ті, хто дотримувалися своєї віри впродовж катування під час Великої скорботи, можуть взяти участь в параді спасіння.

Шлях спасіння від прийдешньої Скорботи

Коли спалахнула Друга світова війна євреї, які мирно жили в Німеччині, ніколи не очікували, що на них чекала така кривава розправа як знищення шести мільйонів людей. Ніхто не знав чи не міг передбачити, що Німеччина, яка давала їм мир та відносну стабільність, може несподівано перетворитися на таку злу силу за такий короткий період часу.

В той час, не знаючи про те, що має статися, євреї були безпорадні і вони не могли нічого зробити, щоб уникнути великих страждань. Бог хоче, щоб Його обранці змогли уникнути прийдешнього лиха в близькому майбутньому. Тому в Біблії Він детально описав кінець світу і дозволив Божим людям попередити ізраїльтян про прийдешню Скорботу і пробудити їх.

Найважливішою річчю, яку повинні знати ізраїльтяни, є те, що це нещастя Скорботи неможливо уникнути, і замість того, щоб втікати від нього, ізраїльтяни будуть захоплені в самому епіцентрі Великої скорботи. Я хочу, щоб ви усвідомили, що це лихо станеться дуже скоро і воно звалиться на вас як сніг на голову, якщо не будете готовими до нього. Якщо ви хочете уникнути цього жахливого лиха, то вам треба буде прокинутися від духовної дрімоти.

Саме зараз ізраїльтяни повинні прокинутися! Вони мають розкаятися в тому, що не визнавали Месію, і прийняти Ісуса Христа як Спасителя всього людства. Також вони повинні мати істинну віру, яку хоче від них Бог, щоб радісно вознестися на небеса, коли Господь повернеться в повітря.

Благаю вас, пам'ятайте, що антихрист об'явиться як посланець миру, так само як це зробила Німеччина перед Другою світовою війною. Він принесе мир і спокій, але потім дуже швидко і зовсім не очікувано, антихрист перетвориться на велику силу, яка зростає зараз, і принесе страждання і лихо, яке навіть неможливо описати.

Десять пальців на нозі

В Біблії можна знайти багато пророчих місць, про те, що станеться в майбутньому. А саме, якщо подивитися на пророцтва, записані в книгах великих пророків Старого заповіту, то вони розповідають нам не тільки про майбутнє Ізраїлю, а й про прийдешнє всього світу. Як ви думаєте, яка причина цього? Божий обраний народ ізраїльтяни були, є і будуть знаходитися в центрі історії людства.

Великий ідол, описаний в пророцтві Даниїла

Книга Даниїла провіщає не тільки майбутнє Ізраїлю, а й що станеться зі світом в останні дні з огляду на кінець Ізраїлю. В книзі Даниїла 2:31-33 з допомогою Божого натхнення пророк пояснив сон царя Навуходоносора, і це тлумачення передбачає що станеться в кінці світу.

Ти, царю, бачив, аж ось один великий ідол, ідол цей величезний, а блиск його дуже сильний; він стояв перед тобою, а вигляд його був страшний. Цей ідол такий: голова його з чистого золота, груди його та рамена його зо срібла, нутро його та стегно його з міді, голінки його з заліза, ноги його частинно з заліза, а частинно з глини (Даниїл 2:31-33).

Що тоді передбачають ці вірші про світову ситуацію в останні дні?

«Великий ідол», якого цар Навуходоносор бачив в своєму сні це не що інше як Європейський Союз. Сьогодні світ контролюють дві сили – Сполучені Штати Америки і Європейський Союз. Звичайно, не можна недооцінити вплив Росії та Китаю. Але Сполучені Штати Америки і Європейський Союз будуть залишатися найвпливовішими силами в світі в сферах економіки і військової потуги.

На даний час ЄС здається трохи слабшим, але він зросте та розшириться в майбутньому. Сьогодні ніхто в цьому не сумнівається. До цього часу США була єдиною домінуючою державою в світі, але помаленьку ЄС перевершить її своїм впливом в світі.

Тільки кілька десятиріч тому ніхто собі не міг уявити, що країни ЄС зможуть об'єднатися в одну систему управління. Звичайно, європейські країни довгий час розглядали потребу створення ЄС, але ніхто не міг бути впевненим, що вони могли подолати бар'єри національної ідентичності, мови, валюти та багато інших перепон, щоб сформувати одну об'єднану організацію.

Але починаючи з кінця 80-х років XX століття лідери європейських країн почали серйозно обговорювати це питання виключно через економічні інтереси. Під час періоду холодної війни основною силою утримання домінування в світі була військова могутність, але з її закінченням пріоритетність перейшла від військової сили до економічної потужності.

Щоб підготуватися до цього європейські країни намагалися об'єднатися і в результаті цього стали єдиним економічним союзом. Зараз залишається провести політичну уніфікацію, об'єднуючи країни в одну систему управління, і все йде до цього.

«Великий ідол, ідол цей величезний, а блиск його дуже сильний», про якого говорить Даниїла у вірші 2:31, це пророцтво про ріст та діяльність Європейського Союзу. Воно говорить нам наскільки сильним і могутнім буде Європейський Союз.

ЄС буде мати велику силу

Як зможе ЄС мати велику силу? В книзі Даниїла 2:32 та наступних віршах дається відповідь, яка пояснює з чого зроблені голова, груди, руки, черево, стегна, гомілки і ноги ідола.

Перша за все, у вірші 32 говориться: *«Голова його з*

чистого золота.» Це провіщає, що ЄС буде переживати економічне піднесення і володітиме економічною потугою, нагромаджуючи багатство. Як тут передбачено, Співтовариство буде отримувати великі прибутки і матиме вигоду з економічного об'єднання.

Наступне, в тому ж вірші пише: «груди його та рамена його зо срібла.» Це символізує те, що ЄС буде здаватися соціально, культурно та політично єдиним. Коли виберуть єдиного президента, який повинен представляти весь ЄС, він і надалі буде забезпечувати політичну єдність і організація стане повністю єдиною в соціальному та культурному аспектах. Проте, через неповну єдність кожен член шукатиме для себе економічної вигоди.

Далі говориться: «нутро його та стегно його з міді.» Це символізує те, що ЄС досягне військової єдності. Кожна країна-член ЄС хоче мати економічну могутність. Військова єдність буде досягнута саме задля отримання економічної вигоди, що є кінцевою ціллю. Щоб об'єднатися заради захоплення контролю над світом з допомогою економічної потуги, у країн ЄС не буде іншого вибору як стати єдиними у соціальній, культурній, політичній та військовій сферах.

І останнє говориться: «голінки його з заліза». Це відноситься до іншої твердої підвалини сили і підтримки ЄС через релігійну єдність. На початкових етапах ЄС оголосить католицизм своєю державною релігією. Він набере сили і стане механізмом підтримки посилення та збереження ЄС.

Духовне значення десяти пальців на ногах

Коли ЄС досягне успіху в об'єднанні багатьох країн в економічній, політичній, соціальній, культурній, військовій та релігійній сферах, спершу він буде хизуватися своєю єдністю та силою, але з часом з'являться ознаки незгоди та розбрату.

На початкових етапах країни-члени ЄС стануть об'єднаними, тому що вони будуть робити поступки один одному в спільних економічних інтересах. Але з часом з'являться соціальні, культурні, політичні та ідеологічні розбіжності і серед них запанує розбрат. Тоді виявляться різні ознаки незгоди. Врешті решт виникнуть конфлікти на релігійній основі – боротьба католицизму з протестантизмом.

В книзі Даниїла 2:33 говориться: *«…ноги його частинно з заліза, а частинно з глини.»* Це означає, що деякі з десяти пальців на ногах зроблені з заліза, а інші з глини. Десять пальців не позначають «10 країн ЄС.» Вони означають «5 представницьких країн, в яких переважає католицизм і 5 інших представницьких держав, які сповідують протестинтизм.»

Так як глина та залізо не можуть змішатися та сполучитися, ці країни, де панує католицизм та держави, де домінує протестантизм не можуть бути повністю єдиними, тому домінуючі країни та ті, над якими панують не можуть об'єднатися.

Із посиленням ознак незгоди в ЄС, країни-члени будуть відчувати зростаючу потребу в релігійному об'єднанні держав, тому католицизм стане могутнішим в більшості державах.

Тому задля досягнення економічної вигоди ЄС буде остаточно сформований в останні дні і тоді стане надзвичайно могутнім. Пізніше ЄС уніфікує католицизм як єдину релігію і єдність організації ще більше зміцниться. Врешті решт ЄС перетвориться на ідола.

Ідоли це те, чому поклоняються і шанують люди. В цьому значенні, ЄС буде очолювати розвиток світу з допомогою своєї великої сили і правитиме над ним як могутній ідол.

Третя світова війна і Європейський Союз

Як було сказано вище, коли наш Господь прийде знову в повітря в час наступлення кінця світу, незліченна кількість віруючих одночасно підніметься в повітря, і на землі буде величезний хаос. Тим часом ЄС набиратиме сили і буде панувати в ім'я збереження миру і порядку у всьому світі, але це триватиме недовго. Пізніше ЄС буде чинити протидію Господові і стане на чолі семирічного періоду Великої скорботи.

Пізніше члени ЄС відділяться один від одного, тому що вони будуть шукати для себе вигоду. Це станеться в середині семирічного періоду Великої скорботи. На початку цього періоду, як було передбачено в 12 розділі книги Даниїла, все буде відбуватися відповідно до ходу історії Ізраїлю та світової історії.

Тільки на початку семирічного періоду Великої скорботи, ЄС буде все більше нарощувати величезну силу і потужність. Вони виберуть єдиного президента Союзу. Це станеться тільки після того, як ті, хто прийняв Ісуса Христа як Спасителя і отримав право стати дитиною Божою, відразу преобразяться і піднімуться на небеса в час Другого приходу Господа в повітрі.

Більшість євреїв, які не прийняли Ісуса як Спасителя, залишаться на землі і страждатимуть в час семирічної Великої скорботи. В цей період будуть відбуватися неописні великі страждання і жах. Землю наповнять найнестямніші речі, включаючи війни, вбивства, страти, голод, хвороби і природні лиха, які будуть найгіршими і найстрашнішими за всю історію людства.

Ознакою початку Великої скорботи в Ізраїлі буде війна, яка спалахне між Ізраїлем та країнами Середнього Сходу. Між цими державами довгий час тривало надмірне напруження, а суперечки навколо кордону ніколи не припинялися. В майбутньому ці незгоди поглибляться. Вибухне жорстока війна, тому що світові актори втрутяться в справи з постачанням нафти. Вони будуть сперечатися один з одним, щоб отримати вищий статус та переваги в міжнародних відносинах.

Сполучені Штати, які традиційно довгий час були прихильниками Ізраїлю, підтримуватимуть його. Європейський Союз, Китай та Росія, які виступають проти США, будуть союзниками країн Середнього Сходу, і тоді розпочнеться Третя світова війна між обома сторонами.

За своїм масштабом вона буде цілком відрізнятися від Другої світової війни. В часи Другої світової війни померло більш ніж 50 мільйонів людей. Зараз потужність сучасної зброї, включаючи ядерні бомби, хімічну та біологічну зброю, не можна прирівняти до тої, яку використовували в часи Другої світової війни, тому результати використання такої зброї будуть приголомшливо страхітливими.

Всі види зброї, включаючи ядерні бомби і різне сучасне озброєння, яке було винайдено з того часу, і його безжалісне використання призведе до неописних руйнувань і кровопролиття. Країни, які вели війну, будуть повністю зруйновані та виснажені. Але це ще не буде кінцем війни. Ядерний вибух потягне за собою сплеск радіоактивності і радіаційне забруднення, серйозні кліматичні зміни та природні лиха, які відбуватимуться по всій землі. В результаті цього всі, в тому числі країни, втягнуті у війну, житимуть в пеклі на землі.

Будучи в такому небезпечному стані, вони припинять ядерні атаки, тому що при збільшенні використання ядерної зброї виникне загроза існуванню людства. Але всі інші види зброї і велика кількість військових будуть пришвидшувати перебіг війни. США, Китай і Росія не зможуть відновити свої сили.

Більшість країн світу майже розпадуться, але ЄС уникне спустошуючих наслідків. Співтовариство пообіцяє Китаю та Росії свою підтримку, але під час війни не буде брати активну участь в бойових діях, тому не понесе такі великі втрати як всі інші сторони.

Коли багато світових акторів, включаючи США, понесуть великі збитки і втратять могутність у вирі безпрецедентної боротьби, ЄС стане єдиним найсильнішим союзом держав і правитиме світом. Спочатку ЄС просто спостерігатиме за перебігом війни, а коли інші країни будуть повністю знищеними економічно та військово, тоді ЄС виступить на передній план і почне процес завершення війни. Інші країни не будуть мати вибору окрім підкорятися рішенням ЄС, тому що вони втратили свою могутність.

З цього моменту розпочнеться друга частина семирічного періоду Великої скорботи, і в майбутні три з половиною роки антихрист, який є керівником ЄС, контролюватиме весь світ і канонізує себе. Він буде катувати і переслідувати тих, хто чинитиме йому опір.

Виявлення справжньої природи антихриста

На перших стадіях Третьої світової війни декілька країн потерплять великі втрати від неї і ЄС пообіцяє їм економічну підтримку через Китай та Росію. Ізраїль пожертвує найбільше у війні і в цей час ЄС пообіцяє побудувати святий Храм Божий, чого так прагнули ізраїльтяни. І коли ЄС таким чином заспокоїть Ізраїль, він буде мріяти про відродження слави, якою він так довго користувався у благословенні Божому. В результаті цього ізраїльтяни стануть союзниками ЄС.

Через цю підтримку Ізраїлем президент ЄС буде вважатися рятівником євреїв. Тривалі військові дії на Середньому Сході підійдуть до кінця, і євреї знову відновлять Святу Землю і побудують святий храм Божий. Ці люди віритимуть, що Месія і їхній Цар, на якого вони так довго чекали, нарешті прийшов, повністю відновив Ізраїль і прославив їх.

Але їхні очікування та радість скоро розвіються. Коли святий Храм Божий буде відновлений в Єрусалимі, станеться щось непередбачуване. Це було провіщено в книзі Даниїла.

> *І Він зміцнить заповіта для багатьох за один тиждень, а за півтижня припинить жертву та жертву хлібну. І на святиню прийде гидота спустошення, поки знищення й рішучий суд кари не виллється на спустошителя* (Даниїл 9:27).

І повстануть його війська та й зневажать святиню, твердиню, і спинять сталу жертву, і поставлять гидоту спустошення (Даниїл 11:31).

А від часу, коли буде припинена стала жертва, щоб була поставлена гидота спустошення, мине тисяча двісті й дев'ятдесят день (Дааниїл 12:11).

Ці три вірші розповідають про один і той самий випадок. Саме це станеться в кінці віків. Ісус також говорив про кінець віків.

У Євангелії від Матвія 24:15-16 Він сказав: *«Тож, коли ви побачите ту гидоту спустошення, що про неї звіщав був пророк Даниїл, на місці святому, хто читає, нехай розуміє, тоді ті, хто в Юдеї, нехай в гори втікають.»*

Спочатку євреї повірять, що ЄС відновив святий Храм Божий на Святій Землі, яку вони вважали священною, але коли гидота з'явиться у святому місці, вони будуть шоковані і зрозуміють, що так глибоко помилялися. Євреї помітять, що вони відвернулися від Ісуса Христа і що Він є їхнім Месією і Спасителем людства.

Ось чому ізраїльтяни повинні зараз прокинутися. В іншому випадку, вони не зможуть усвідомити правду коли на те прийде час. Ізраїльтяни зрозуміють правду надто пізно і нічого вже не можна буде змінити.

Тому палко бажаю вам, ізраїльтяни, щоб ви прокинулися, щоб не піддатися спокусі антихриста і отримати знак звіра. Якщо будете обмануті улесливими та спокусливими словами антихриста, який обіцятиме вам мир і процвітання і отримаєте знак звіра, число 666, то будете мусити піти шляхом до безповоротної і вічної смерті.

Ще жалюгіднішим є те, що тільки після того як розкриється суть диявола, як було провіщено Даниїлом, багато євреїв зрозуміють наскільки вони помилялися у своїй вірі. З допомогою цієї книги я хочу, щоб ви прийняли Месію, якого вже послав Бог, щоб не потрапити в семирічний період Великої скорботи.

Тому я сказав вище, що ви повинні прийняти Ісуса Христа і мати віру, яка відповідає Божій волі. Це єдиний шлях для вас, щоб мати змогу уникнути семирічної Великої скорботи.

Як буде жаль, якщо ви не зможете вознестися на небеса і залишитеся на землі в час Другого приходу Господа! Але на щастя ви знайдете останню можливість для вашого спасіння.

Я палко благаю вас негайно прийняти Ісуса Христа, жити в спільності з братами і сестрами в Христі. Але навіть зараз ще не пізно навчитися з Біблії і цієї книги як ви зможете зберегти свою віру в прийдешній Великій скорботі, знайти шлях, який Бог приготував для останньої можливості спасіння і йти до нього.

Невичерпна любов Божа

Бог виконав Свій задум людського спасіння через Ісуса Христа, і той, хто приймає Його як свого Спасителя і виконує волю Божу, незалежно від раси чи національної приналежності, того Бог зробить Своєю дитиною і дозволить йому насолоджуватися вічним життям.

Але що сталося з Ізраїлем та його людьми? Багато з них не прийняли Ісуса Христа і були далекими від шляху спасіння. Дуже жаль, що вони не зможуть зрозуміти шлях спасіння через Ісуса Христа навіть до того часу як Господь прийде знову в повітря і врятовані діти Божі будуть підняті із землі в повітря!

Що тоді станеться з Божими обранцями ізраїльтянами? Чи вони не братимуть участь в параді врятованих дітей Божих? Люблячий Бог приготував Свій дивовижний план для Ізраїлю, який має виконатися в останні хвилини історії людства.

Бог не чоловік, щоб неправду казати, і Він не син людський, щоб Йому жалкувати. Чи ж Він був сказав і не зробить, чи ж Він говорив та й не виконає? (Числа 23:19)

Яким є останній задум, який Бог запланував для Ізраїлю в кінці віків? Бог приготував шлях «вибраного спасіння» для Своїх обранців ізраїльтян, щоб вони могли здобути спасіння усвідомивши, що Ісус, якого вони розіп'яли, і є Месією, на котрого так довго чекали і щоб повністю розкаялися у своїх гріхах перед Богом.

Вибране спасіння

Під час семирічного періоду Великої скорботи деякі люди, які залишаться на землі і стануть свідками вознесення на небеса спасенних і тих, хто пізнав правду, повірять і приймуть в свої серця те, що небо і пекло насправді існують, Бог є живим, а Ісус Христос це наш єдиний Спаситель. Більше того, вони будуть старатися не отримати знак звіра. Після вознесення ці люди віднайдуть свою суть, прочитають Слово Боже, записане в Біблії, зберуться докупи, проводитимуть богослужіння і намагатимуться жити за Словом Божим.

На ранніх етапах Великої скорботи багато людей зможуть вести побожне життя і навіть навернути інших, тому що їх ще не будуть переслідувати. Вони не отримають знак звіра, тому що вже знатимуть що не зможуть здобути спасіння із знаком, і будуть старатися роботи все можливе, щоб вести життя варте для здобуття спасіння навіть в час Великої скорботи. Але їм буде справді важко дотримуватися своєї віри, бо Дух Святий вже покинув світ.

Багато з них проллють чимало сліз, тому що не знайдеться нікого, хто б міг проводити богослужіння і сприяти зростанню їхньої віри. Вони повинні будуть зберігати свою віру без захисту і сили Божої. Ці люди плакатимуть, тому що будуть змушені жаліти, що не послідували вченню Слова Божого, хоча їм радили прийняти Ісуса Христа і вести вірне віруюче життя. Вони муситимуть оберігати свою віру від різних випробувань та переслідувань у цьому світі, в якому важко буде знайти істинне Слово Боже.

Дехто з них сховається глибоко у віддалених горах, щоб не отримати знак звіра, число 666. Вони будуть змушені шукати коріння рослин і дерев і вбивати тварин для їжі, тому що без знаку звіра не зможуть купувати чи продавати щось, щоб отримати їжу. Але під час другої половини Великої скорботи, протягом трьох з половиною років, армія антихриста буде жорстоко та пильно переслідувати віруючих. Незалежно в яких віддалених горах вони переховуватимуться, вояки їх все рівно знайдуть і захоплять.

Уряд диявола вибере тих, хто ще не отримав знак звіра і з допомогою жорстоких тортур змусить їх відректися від Господа і одержати знак. В решті решт багато з них здадуться і не будуть мати іншого вибору як отримати знак, тому що терпітимуть величезний біль та жах під час своїх страждань.

Вояки армії повішають їх голими на стіні і проколять їхнє тіло свердлом. Вони здеруть всю шкіру від голови до пальців ніг. І будуть катувати їхніх дітей перед очима батьків. Тортури, які вояки їм завдаватимуть, будуть надзвичайно жорстокими, тому буде справді важко померти мученицькою смертю.

Через це тільки декілька людей, які подолали всі катування з допомогою своєї нездоланної сили волі, яка перевищує межі людських зусиль і померли мученицькою смертю, зможуть отримати спасіння і досягнути небес. Тому деякі люди будуть врятовані через те, що вони дотримувалися своєї віри, не зраджуючи Господа, і жертвуючи своїми життями у муках під контролем антихриста під час Великої скорботи. Це називається «спасіння вибраних».

Бог має глибинні таємниці, які Він приготував для спасіння обранців ізраїльтян. Це два свідки і місце, яке називається Петра.

Поява та служіння двох свідків

В Одкровенні Івана Богослова 11:3 говориться: *«І звелю Я двом свідкам Своїм, і будуть вони пророкувати тисячу двісті й шістдесят день, зодягнені в волосяницю.»* Двоє свідків це саме ті люди, яких Бог визначив в Своєму плані перед віками, щоб врятувати Своїх обранців ізраїльтян. Вони засвідчать євреям в Ізраїлі, що Ісус Христос це єдиний Месія, який був передбачений в Старому заповіті.

Бог говорив мені про двох свідків. Він пояснив, що вони

не були такими старими, живуть в праведності і мають вірні серця. Він повідав мені яке зізнання робить один з них перед Богом. В ньому говориться, що свідок вірив в юдаїзм, але почув, що багато людей віруюгь в Ісуса Христа як Спасителя і говорять про Нього. Тому він помолився Богові, щоб Той допоміг розрізнити правду від неправди, кажучи:

«О, Боже!

Що за неспокій в моєму серці?
Я вірю, в те що чув
від батьків і про що мені говорили
з часу моєї юності,
але чому в серці виникає неспокій та запитання?

Багато людей розповідають і говорять про Месію.

Але якщо б тільки хтось мені показав
ясно і чітко
чи правильно вірити їм
чи визнавати тільки те, про що я чув зі свого дитинства,
я був би такий радісний і вдячний.

Але я нічого не бачу,
і слідуючи тому, про що говорили ті люди,
я вважаю це все, в що вірив з дитинства,
безглуздим та дурним.

Що насправді Ти думаєш?

Боже Отче!
Якщо Твоя воля,
покажи мені людину,
яка може все встановити і все зрозуміти.
Нехай він з'явиться переді мною і навчить мене
що маю цінувати і що насправді є правдою.

Я піднімаю свої очі вгору,
і маю неспокій в своєму серці,
і якщо хтось може мені допомогти,
будь-ласка покажи мені його.

Я не можу відректися від усього, в що я вірив,
і коли я обдумаю все,
якщо буде хтось, хто зможе навчити і показати мені,
що є правдивим,
я не зраджу того,
що зрозумів і побачив.

Тому Боже Отче!
Будь ласка покажи мені його.

Допоможи мені зрозуміти всі ці речі.

Мені хвилює багато питань.

Я вірю, що все, про що я чув раніше, це правда.

Але коли знову і знову обдумаю це,
в мене виникає багато питань і моя спрага не вгамована;
Чому це так?

Тому, тільки коли я зможу це все побачити
і зможу бути впевненим в ньому;
тільки якщо я зможу бути впевненим, що це не обман
проти того, як я жив дотепер;
тільки якщо я зможу побачити, що таке насправді правда;
тільки якщо я зрозумію це все,
про що думав,
тоді я зможу заспокоїтися.»

Два свідки, які є євреями, старанно шукають чисту правду, і Бог дасть відповіді на їхні запитання і пошле їм Божу людину. З її допомогою вони зрозуміють Божий задум людського культивування і приймуть Ісуса Христа. Свідки залишаться на землі під час семирічного періоду Великої скорботи і виконуватимуть служіння задля каяття і спасіння Ізраїлю. Вони отримають особливу силу Божу і засвідчать Ізраїлеві Ісуса Христа.

Свідки з'являться повністю очищеними на Божий погляд, і будуть виконувати служіння протягом двох місяців, як записано в Одкровенні 11:2. Два свідки прийдуть в Ізраїль, тому що початком і кінцем Святого письма є Ізраїль.

Апостол Павло поширювати благу звістку світом, і зараз, коли Євангеліє знову досягне Ізраїлю, який є відправним пунктом, тоді діла благої звістки будуть завершені.

Ісус сказав в Діяннях святих апостолів 1:8: *«Та ви приймете силу, як Дух Святий злине на вас, і Моїми ви свідками будете в Єрусалимі, і в усій Юдеї та в Самарії, та аж до останнього краю землі.»* Тут «край землі» означає Ізраїль, який є кінцевим пунктом призначення Євангелія.

Два свідки будуть проповідувати євреям послання хреста і з допомогою палкої сили Божої пояснять їм про шлях спасіння. І вони будуть чинити вражаючі дива і чудові знамення, які підтверджуватимуть послання. Свідки матимуть силу, щоб заслонити небо, тому в час їхнього проповідування не буде падати дощ; вони мають силу, щоб перетворити води на кров, і вразити землю чумою, як вони того захочуть.

Через це багато євреїв повернуться до Господа, але в той же час інші не дотримуватимуться своєї совісті і намагатимуться вбити двох свідків. Не тільки ті євреї, але й злобні люди з інших країн, які перебувають під контролем антихриста, будуть люто ненавидіти двох свідків і намагатимуться їх вбити.

Мучеництво і воскресіння двох свідків

Сила, яку мають два свідки, є настільки великою, що ніхто не насміляться їм зашкодити. Врешті державні владні структури вчинять на них замах. Але два свідки будуть засуджені до смерті не через державну владу, але тому що це воля Божа, що вони мають померти мученицькою смертю в призначений час. Свідки помруть мученицькою смертю саме там, де був розп'ятий Ісус. Це означає, що вони також мають воскреснути.

Коли Ісус був розп'ятий, то римські вояки охороняли Його могилу, щоб ніхто не зміг вкрасти тіло Христа. Але пізніше воно зникло, тому що Ісус воскрес. Люди, які засудять двох свідків до смерті про це пам'ятатимуть і будуть хвилюватися, що хтось може забрати їхні тіла. Тому, вони не дозволять, щоб вони були поховані в могилах. Їх виставлять на вулиці, щоб люди зі всього світу могли дивитися на їхні мертві тіла. При такому видовищі, ці злобні люди, які відкинули свою совість, через Євангелія, яке проповідували два свідки, дуже зрадіють їхній смерті.

Весь світ возрадується і святкуватиме, і після трьох з половиною днів ЗМІ через супутники поширять новини про їхню смерть. Коли минуть три з половиною дні відбудеться воскресіння двох свідків. Вони знову оживуть, піднімуться і піднесуться на небеса на хмарі слави, так само як Ілля вихором був піднявся на небеса. Це дивовижне видовище буде транслюватися по всьому світу і незліченна кількість людей бачитимуть його.

В той час станеться великий землетрус, і десята частина міста буде завалена і 7 тисяч людей помруть внаслідок землетрусу. В Одкровенні Івана Богослова 11:3-13 міститься детальний опис цієї події.

І звелю Я двом свідкам Своїм, і будуть вони пророкувати тисячу двісті й шістдесят день, зодягнені в волосяницю. Вони дві оливі та два свічники, що стоять перед Богом землі. І коли б хто схотів учинити їм кривду, то вийде огонь з їхніх уст, і поїсть ворогів їхніх. А коли хто захоче вчинити їм кривду, той отак мусить бути забитий. Вони мають владу небо замкнути, щоб за днів їхніх пророцтва не йшов дощ. І мають владу вони над водою, у кров обертати її, і вдарити землю всілякою карою, скільки разів вони схочуть. А коли вони скінчать свідоцтво своє, то звірина, що з безодні виходить, із ними війну поведе, і вона їх переможе та їх повбиває. І їхні трупи полишить на майдані великого міста, що зветься духовно Содом і Єгипет, де й Господь наш був розп'ятий. І багато з народів, і з племен, і з язиків, і з поган будуть дивитися півчверта дні на їхні трупи, не дозволять покласти в гроби їхніх трупів. А мешканці землі будуть тішитися та радіти над ними, і дарунки пошлють один одному, бо мучили ці два пророки мешканців землі. А по півчверта днях дух життя ввійшов у них від Бога, і вони повставали на ноги свої. І напав жах великий на тих, хто дивився на них! І почули вони гучний голос із неба, що їм говорив: Зійдіть сюди! І на небо зійшли вони в хмарі, і вороги їхні дивились на них. І тієї години зчинився страшний землетрус, і десята частина міста того завалилась... І в цім трусі загинуло сім тисяч людських імен, а решта обгорнена жахом була, і вони віддали славу Богу Небесному! (Одкровення 11:3-13).

Незалежно від того, наскільки впертими і непіддатливими будуть люди, маючи найменшу часточку добра в своїх серцях, вони усвідомлять, що великий землетрус, воскресіння і вознесіння на небеса двох свідків це діла Божі і тоді восхвалять Бога. І вони будуть змушені визнати факт, що Ісус воскрес з допомогою сили Божої близько двох тисяч років тому. Але незважаючи на ці події, деякі злі люди не будуть хвалити Бога.

Благаю всіх вас, прийміть любов Божу. До останнього моменту Бог хоче врятувати вас і бажає, щоб ви слухалися двох свідків. Величезною силою Божою вони засвідчать вам, що прийшли від Бога. Ці свідки пробудять багатьох людей і повідають їм про Божу любов і волю. І свідки проведуть вас, щоб здобути останню можливість до спасіння.

Палко благаю вас не стояти в рядах ворогів, які належать дияволу і приведуть вас до шляху знищення, а слухати двох свідків і отримати спасіння.

Петра, притулок для євреїв

Іншою таємницею, яку Бог призначив для своїх обранців ізраїльтян є Петра, притулок протягом семирічного періоду Великої скорботи. В книзі Ісаї 16:1-4 міститься пояснення про це місце, яке називається Петра.

> *Овечки пошліть власникові землі, із Сели на пустиню, на гору Сіонської дочки. І станеться, мов те сполошене птаство, з кубла повигонене, будуть дочки Моавські при бродах Арнону: Подай раду, зроби присуд, учини нічну тінь свою повного полудня, сховай вигнаних, біженця не видавай... Нехай мешкають в тебе вигнанці Моаву, стань їм захистом перед грабіжником, бо не стало насильника, скінчився грабунок, загинув топтач із землі... (Ісая 16:1-4).*

Земля Моава позначає Йорданію на східному боці Ізраїлю. Петра це археологічна ділянка у південнозахідній Йорданії на схилі гори Гор в каньйоні серед гір, які утворюють східний бік величезної долини Арави, яка простягається від Мертвого моря до затоки Акаби. Петра зазвичай ототожнюється з Селою, що також означає скеля. В Біблії про ці місця згадується в Другій книзі царів 14: 7 і в книзі Ісаї 16:1.

Після того як Господь знову прийде в повітря, Він прийме врятованих людей і насолоджуватиметься семирічним шлюбним бенкетом, а тоді разом з ними спуститься на землю і буде правити світом під час Тисячолітнього царства. Протягом семи років від часу Другого приходу Господа в повітря задля вознесіння до часу Його спуску на землю, тут буде панувати Велика скорбота, і протягом трьох з половиною років під час другої частини цього періоду, протягом 1260 днів ізраїльтяни будуть переховуватися в місці, приготованому відповідно до задуму Божого. Їхнім притулком буде Петра (Одкровення 12:6-14).

Чому євреям потрібен буде притулок?

Після того, як Бог вибрав ізраїльський народ, Ізраїль атакували та переслідували численні поганські племена. Причиною цього було те, що диявол, який завжди протистоїть Богові, намагався перешкодити ізраїльтянам, щоб вони не отримали благословення від Бога. Так само станеться в кінці світу.

Коли євреї зрозуміють під час семирічного періоду

Великої скорботи, що їхнім Месією і Спасителем є Ісус, Який прийшов на землю 2000 років тому, і розкаються, диявол буде до останнього переслідувати їх, щоб вони не змогли зберегти свою віру.

Всезнаючий Бог приготував притулок для Свого обраного народу ізраїльтян. І це показує Його любов до них, і те, що Він не буде жаліти їм своєї ласкавої любові. Відповідно до любові та задуму Божого, ізраїльтяни ввійдуть в Петру, щоб втекти від переслідувачів.

Як Ісус сказав в Євангелії від Матвія 24:16: *«Тоді ті, хто в Юдеї, нехай в гори втікають»*, євреї зможуть втекти від семирічної Великої скорботи до притулку в горах, там зберегти свою віру і отримати спасіння.

Коли ангел смерті знищив всіх єгипетських новонароджених, євреї швидко таємно зв'язувалися один з одними і уникнули такого лиха, позначаючи кров'ю ягняти два одвірки і перемички вікон.

Так само, вони будуть швидко поширювати серед своїх куди йти і переберуться до притулку перед тим, як уряд антихриста почне їх затримання. Вони будуть знати про Петру, тому що багато проповідників постійно засвідчували про притулок, і навіть ті, хто не увірували, змінять свою думку і будуть шукати сховища.

Це сховище не зможе дати притулок стільком людям. Фактично, багато людей, які розкаються з допомогою двох свідків, не зможуть переховуватися в Петрі і будуть дотримуватися своєї віри під час Великої скорботи, а тоді помруть мученицькою смертю.

Любов Божа виявлена через двох свідків і Петру

Дорогі браття і сестри, чи втратили ви можливість бути врятованими через вознесіння? Тоді не вагайтеся і йдіть до Петри, останньої можливості вашого спасіння, даної милосердним Богом. Скоро антихрист принесе жахливі катастрофи. Ви будете змушені переховуватися в Петрі перед тим як антихрист своїм втручання закриє двері останньої милості.

Чи ви впустили можливість, щоб увійти до Петри? Тоді єдиним шляхом здобути спасіння і увійти на небеса для вас буде не відкидати Господа і не отримати знак звіра, число 666. Вам слід перебороти всілякі страхітливі тортури і померти мученицькою смертю. У всякому разі це не легко, але ви будете змушені зробити це, щоб уникнути вічних катувань в озері невгасимого вогню.

Я палко бажаю, щоб ви не звернули зі шляху спасіння, завжди пам'ятаючи про невичерпну любов Божу, і сміливо все перебороли. В той час, коли ви боретеся і воюєте проти всіляких спокус і переслідувань, які влаштовує антихрист, ми браття і сестри у вірі будемо палко молитися за вашу перемогу.

Але ми дійсно хочемо, щоб ви прийняли Ісуса Христа перед тим, як це все станеться, вознеслися на небеса разом з нами і ввійшли на шлюбний бенкет, коли Господь знову прийде. Ми без зупину молимося зі сльозами любові, щоб Бог пам'ятав діла віри ваших великих батьків і угоду, яку Він уклав з ними, і знову дав вам велику ласку спасіння.

У Своїй великій любові Бог приготував двох свідків і Петру, щоб ви могли прийняти Ісуса Христа як Месію і Спасителя і бути врятованими. Я благаю вас пам'ятати цю невичерпну любов Бога, Котрий ніколи вас не підведе, аж до останньої миті в історії людства.

Перед тим як послати вам двох свідків, готуючись до прийдешньої Великої скорботи, люблячий Бог послав Божу людину і дозволив розповісти що станеться в кінці часів і привести вас до шляху спасіння. Бог не хоче щоб жодний з вас залишився серед семирічної Великої скорботи. Навіть якщо будете змушені залишитися на землі після вознесіння, Він хоче, щоб ви вхопили і втримали останню можливість спасіння. В цьому полягає велика любов Божа.

Це відбудеться не задовго перед початком семирічного періоду Великої скорботи. В цій великій ніколи не баченій досі в історії людства Скорботі, наш Бог виконає Свій люблячий задум для вас, ізраїльтяни. Історія культивування людей буде завершена разом з історією Ізраїлю.

Припустимо, євреї відразу повинні були зрозуміти

справжню волю Божу і прийняти Ісуса як Спасителя. Тоді навіть історія Ізраїлю, записана в Біблії мала бути переписана і виправлена. І Бог би охоче так зробив. А це сталося б тому, що Божу любов до ізраїльтян неможливо уявити.

Але багато євреїв йшли, йдуть і будуть йти своїм власним шляхом, доки не опиняться в критичній ситуації. Всемогутній Бог, Який знає що станеться в майбутньому, призначив останню можливість вашого спасіння і веде вас з допомогою Своєї невичерпної любові.

> *Усі бо народи ходитимуть кожен ім'ям свого бога, а ми будем ходити Ім'ям Господа, нашого Бога, на віки віків! Того дня промовляє Господь позбираю кульгаве й згромаджу розігнане, і те, що на нього навів коли лихо* (Міхей 4:5-6).

Я віддаю дяку і славу Богові, Який веде до шляху спасіння не тільки ізраїльтян, Своїх обранців, а й всіх людей всіх народів зі Свою безмежною любов'ю.

Автор:

Доктор Джерок Лі

Доктор Джерок Лі народився у 1943 році у Муані, провінція Джеоннам, Республіка Корея. До тридцяти років на протязі семи років доктор Лі страждав від невиліковних хвороб і мав померти, не маючи надії на одужання. Одного дня навесні 1974 року його сестра привела його до церкви. І коли він став на коліна і помолився Богові, Бог зцілив Його від усіх хвороб.

З того моменту, коли доктор Лі пізнав живого Бога через такий чудовий випадок, він щиро полюбив Бога усім серцем. А у 1978 році Бог покликав його на служіння. Джерок Лі палко молився про те, щоби ясно зрозуміти волю Бога та повністю виконати її і виконувати Боже Слово. У 1982 році він заснував Центральну Церкву Манмін у Сеулі, Корея, а також почав виконувати численні Божі справи. Відтоді у церкві почали відбуватися чудесні зцілення та дива.

У 1986 році доктор Лі отримав духовний сан пастора Щорічної асамблеї Християнської Церкви Сункюл, Корея. А через чотири роки, у 1990 році, його проповіді почали трансліюватися в Австралії, Росії і на Філіппінах. Дуже швидко до цього списку додалися інші країни, де відбувалися трансляції Радіотрансляційної компанії Далекого Сходу,

Широкомовної станції Азії та Християнського радіо мережі Вашингтон.

Через три роки, у 1993, журнал «Християнський світ» (США) оголосив Центральну Церкву Манмін однією з «50 найбільших церков світу». Доктор Лі отримав почесний ступінь доктора богослов'я у Коледжі Християнської Віри, Флоріда, США. А у 1996 році – ступінь доктора духівництва у Теологічній семінарії Кінгсвей, Айова, США.

З 1993 року доктор Лі керує всесвітньою місією, проводить багато кампаній у Танзанії, Аргентині, Латинській Америці, місті Болтимор, на Гавайях, у місті Нью-Йорк (США), в Уганді, Японії, Пакистані, Кенії, на Філіппінах, у Гондурасі, Індії, Росії, Німеччині, Перу, Демократичній Республіці Конго, Ізраїлі та Естонії.

У 2002 році найбільші християнські газети Кореї назвали Джерок Лі «Всесвітнім пастором» за його роботу у багатьох великих об'єднаних кампаніях, що проводилися за кордоном. Особливо його «Кампанія Нью-Йорк 2006», яка проводилася у Медісон Сквер Гарден, найвідомішій у світі арені, транслювалася для 220 країн світу. Під час «Ізраїльської об'єднаної кампанії 2009», яка проводилася у міжнародному Центрі Конвенцій в Єрусалимі, він сміливо проголосив Ісуса Христа Месією і Спасителем.

Його проповіді транслюються у 176 країнах світу через супутники, у тому числі телебаченням ВХМ. Також доктор Джерок Лі потрапив у десятку найвпливовіших християнських лідерів 2009 і 2010 років за версією найпопулярнішого російського журналу *Ін Вікторі* і агентства новин *Крістіан Телеграф* за його потужне телевізійне служіння і пасторське служіння за кордоном.

З травня 2014 року Центральна Церква Манмін налічує більше 120 000 членів. Вона має 10 000 церков-філій в усьому світі, у тому числі 54 домашніх церков-філій, а також відправила більше 125 місіонерів у 23 країни світу, у тому числі США, Росію, Німеччину, Канаду, Японію, Китай, Францію, Індію, Кенію та багато інших.

На момент виходу цієї книжки доктор Лі написав 88 книжок, у тому числі бестселери *Відчути Вічне Життя до Смерті*, *Моє Життя, Моя Віра І і ІІ*, *Слово про Хрест*, *Міра Віри*, *Небеса І і ІІ*, *Пекло*, *Пробудження Ізраїлю*, а також *Сила Бога*. Його роботи були перекладені більш ніж на 76 мов.

Його статті друкуються на шпальтах видань: *Ганкук Ілбо*, *ДжунАн Дейлі*, *Чосун Ілбо*, *Дон-А Ілбо*, *Мунгва Ілбо*, *Сеул Шінмун*, *Кунгуан Шінмун*, *Ганкеорей Шінмун*, *Економічна щоденна газета Кореї*, *Вісник Кореї*, *Шіса Ньюс* та *Християнська газета*.

Доктор Лі є головою багатьох місіонерських видань та об'єднань. Він – голова Об'єднаної церкви святості Ісуса Христа; президент Всесвітньої місії Манмін; незмінний президент Асоціації всесвітньої місії християнського відродження; засновник і голова правління Всесвітньої християнської мережі (ВХМ); засновник і голова правління Всесвітньої мережі християн-лікарів (ВМХЛ), а також засновник і голова правління Міжнародної семінарії Манмін (МСМ).

Інші відомі книжки автора

Небеса I & II

Детальна розповідь про розкішне оточення, в якому житимуть небесні мешканці, а також прекрасний опис різних рівнів небесних царств.

Слово про Хрест

Сильна проповідь пробудження про всіх людей, які перебувають у духовному сні. Із цієї книги ви дізнаєтеся про те, чому Ісус – Єдиний Спаситель, а також про істинну Божу любов.

Пекло

Відкрите послання Бога всьому людству. Він бажає, щоби жодна людина не потрапила у пекло. Ви дізнаєтеся про досі невідомі думки щодо жорстокої дійсності Гадесу та пекла.

Міра Віри

Які оселі, вінці та нагороди приготовані для вас на небесах? Ця книга додасть вам мудрості і скерує вас, щоби ви виміряли свою віру, розвивали і вдосконалювали її.

Пробудження Ізраїлю

Чому Бог споглядав за Ізраїлем з самого початку і до теперішніх часів? Яке провидіння було приготоване в останні дні для Ізраїльського народу, який досі чекає на Месію?

Моє Життя, Моя Віра I & II

Автобіографія доктора Джерок Лі дозволяє читачам відчути найприємніший духовний аромат, розповідаючи про життя, що цвіте надмірною любов'ю до Бога посеред чорних хвиль, холодного ярма і найглибшого розпачу.

Сила Бога

Книга, яку бажано прочитати всім. Ця книга – важливий провідник, завдяки якому кожен може оволодіти істинною вірою і відчути дивовижну силу Бога.

www.urimbooks.com

www.ingramcontent.com/pod-product-compliance
Lightning Source LLC
LaVergne TN
LVHW041810060526
838201LV00046B/1204